KB268849

Корейско-български Разговорен Речник

불가리아어 회화 사전

최권진, 김소영 지음

문예림

최권진

한국외국어대학교 영어과 졸업
소피아대학교 언어학 박사 (대한민국 국비 유학)
전 소피아대학교 한국학과 교수
전 한국학술진흥재단 파견교수
문화포장 수상(2005년 한글날)
현 인하대학교 언어교육원 주임강사

김소영

이화여자대학교 간호학과 졸업
소피아대학교 언어학 박사
대통령 표창 수상(2008년 한글날)
현 한국학중앙연구원 해외파견교수
현 소피아대학교 한국학과 교수

불가리아어 회화 사전

초판 1쇄 인쇄 | 2013년 11월 20일
초판 1쇄 발행 | 2013년 11월 30일

저 자 | 최권진, 김소영
발행인 | 서 덕 일
발행처 | 도서출판 문예림
출판등록 | 1962년 7월 12일 제 2-110호
주소 | 서울 광진구 군자동 1-13호 문예하우스 101호
전화 | 02-499-1281~2
팩스 | 02-499-1283
http://www.bookmoon.co.kr
E-mail : book1281@hanmail.net

ISBN 978-89-7482-753-3 (13790)

책머리에

20여 년 전에 한국 사람 아무도 불가리아어를 아는 사람이 없을 때 우리 부부가 불가리아에 가서 불가리아어를 공부한다는 것은 지금 생각해도 크나큰 도전이었다. 우리에게 낯선 곳에서 낯선 언어를 배우면서 낯선 사람들과 만나서 그들의 문화를 익히는 것은 어려움과 설렘을 동시에 접하는 활동이었다.

무더운 여름 동안에 연구실에 앉아 우리가 알고 있는 불가리아어를 기억해 가며 앞으로 불가리아 사람을 만나게 될 사람들에게 작은 도움이 될 이 책을 집필했다. 그러는 동안 내가 만나서 사귀었던 다정한 불가리아 사람들과 재미있게 지냈던 수많은 순간들이 새록새록 정다운 추억으로 기억되어 되살아났다.

이 책은 불가리아어에 대한 사전 지식이 없는 한국 사람이 불가리아를 여행하거나 체류할 때 필요한 생활 회화 중심으로 엮은 것으로 실생활에 필요한 필수 어휘와 기본 회화 표현이 포함되어 있다.

미진한 부분이 많은 졸고를 기꺼이 출판해 주신 문예림의 서덕일 사장님과 디자인 팀에 감사의 표한다. 그리고 녹음을 도와준 로씨자에게도 고마움을 표한다.

2013년 9월 25일

저자 최권진, 김소영

Съдържание 차 례

Съдържание

Съдържание

불가리아어는 불가리아 사람들이 모국어로 사용하는 언어이다. 불가리아어는 남슬라브 언어로 마케도니아어와는 서로 이해가 가능하며, 세르비아어, 크로아티아어, 보스니아어, 슬로베니아어와 가깝다.

불가리아어는 9세기에 문자로 표기되기 시작한 최초의 슬라브 언어이다. 18세기 말부터 불가리아어는 러시아어와 같은 키릴문자를 사용하여 표기하였으며, 현재는 30개의 문자가 사용된다.

불가리아어 문자	발음	한글 표기	불가리아어 문자	발음	한글 표기
а	a	아	б	b	ㅂ
в	v	ㅂ	г	g	ㄱ
д	d	ㄷ	е	e	에
ж	ʒ	쥐	з	z	ㅈ
и	i	이	й	j	이
к	k	ㄲ	л	l	ㄹ
м	m	ㅁ	н	n	ㄴ
о	o	오	п	p	ㅃ
р	r	ㄹ	с	s	ㅆ
т	t	ㄸ	у	u	우
ф	f	ㅍ	х	x	ㅎ
ц	ts	ㅉ	ч	tʃ	ㅊ
ш	ʃ	쉬	щ	ʃt	쉬뜨
ъ	ə	어	ь	j	
ю	ju	유	я	ya	야

1) 불가리아어는 특별히 발음 기호가 없어 일반적으로 철자 그대로 읽는다.

2) 무성 자음은 한국어의 된소리에 가까운 소리가 난다.

3) 단어의 끝에서 유성 자음은 무성음으로 발음된다.
   예 етаж 에따쥐 → 에따쉬

4) 무성 자음 앞에 오는 유성 자음은 무성 자음으로 동화되어 발음된다.
   예 автор 아브또르 → 아프또르

5) 유성 자음 앞에 오는 무성 자음은 유성 자음으로 동화되어 발음된다.
   예 сграда 쓰그라다 → 즈그라다

6) 단어의 끝에 오는 자음군은 단순화되어 하나의 자음만 발음된다.
   예 младост 믈라도쓰뜨 → 믈라도쓰

7) 강세가 없는 a ↔ ъ, y ↔ o는 서로 구별이 안 되어 비슷하게 발음되는 경향이 있다. 하지만 원래 음가 그대로 발음해도 의사소통하는 데는 문제가 없다.

8) 'ь'는 'o'와 결합하여 자음 뒤에만 오며 '요'로 발음된다.
   예 монтьор 몬뚀르

기초 회화

 인사하기

> 불가리아 사람들이 흔히 사용하는 인사말은 Здравейте!(즈드라베이떼)이다. 가까운 사이에는 Здрасти!(즈드라스티)를 사용한다. 또한 Как сте?(깍 쓰떼)라고 안부를 묻는 말도 자주 사용하며, 친한 사이에는 Как си?(깍 씨)를 사용한다.

1.1 만났을 때의 인사

- 안녕하십니까?
  Здравейте!
  즈드라베이떼

- 안녕하십니까?
  Как сте?
  깍   쓰떼

대답

- Здравейте!에 대한 대답은 Здравейте!이다.
- Как сте?에 대한 대답은 Благодаря. Добре съм.(블라고다랴. 도브레 썸)으로 '(안부를 물어 봐 주어서) 고맙습니다. 잘 지냅니다.' 라는 뜻이다.

여러 가지 인사

안녕하세요? (아침 인사)
Добро утро.
도브로   우뜨로

안녕하세요? (낮 인사)
Добър ден.
도버르   덴

안녕하세요? (저녁 인사)
Добър вечер.
도버르   베체르

1.2 처음 만났을 때의 인사

- 만나서 반갑습니다.
  Радвам се, че се запознахме.
  라드밤   쎄 체 쎄 자뽀즈나흐메

- 당신과 만나서 반갑습니다.
  Радвам се, че се запознах с вас.
  라드밤   쎄 체 쎄 자뽀즈나흐메 쓰 바쓰.

- 저도 만나서 반갑습니다.
  И аз се радвам, че се запознахме.
  이 아쓰 쎄 라드밤   체 쎄 자뽀즈나흐메.

1.3 가까운 사이의 인사

- 안녕?
  Здрасти?
  즈드라쓰티

- 안녕? (잘 지내?)
  Как си?
  깍   씨

- 잘 지내냐?
  Добре ли си?
  도브레   리 씨

- 건강은 어때?
  Как си със здравето?
  깍   씨 써쓰 즈드라베또

- 뭐 새로운 일이 있냐?
  Има ли нещо ново?
  이마 리 네쉬또   노보

● 대답 ●

잘 지내.
Добре съм.
도브레   썸

아주 잘 지내.
Много съм добре.
므노고   썸   도브레

안 좋아.
Не съм добре.
네 썸   도브레

1.4   헤어질 때의 인사

- 또 만납시다. / 안녕히 가세요.
  Довиждане.
  도비쥐다네

- 곧 또 만납시다.
  До скоро виждане.
  도 쓰코로   비쥐다네

- 내일 다시 만납시다.
  До утре.
  도 우뜨레

- 모든 일이 잘 되길 바랍니다.
  Всичко хубаво.
  프씨치꼬   후바보

- 좋은 하루 되길 바랍니다. ('좋은 낮'라는 뜻으로 낮에 헤어지면서 인사)
  Приятен ден.
  쁘리야뗀   덴

- 좋은 저녁이 되길 바랍니다. ('좋은 저녁'이라는 뜻으로 저녁에 헤어지면서 인사)
  Приятна вечер.
  쁘리야뜨나   베체르

- 안녕히 주무세요.
  Лека нощ.
  레까   노쉬뜨

- 안녕히 가세요/계세요.
  Довиждане.
  도비쥐다네

- 또 만나요.
  До нови срещи.
  도 노비   쓰레쉬띠

- 안녕히 가세요. ('잘 다녀오세요'라는 뜻으로 길을 떠나는 사람에게 하는 말)
  Приятен път.
  쁘리야뗀   뻐드

- 항상 건강하길 바랍니다.
  Пожелавам Ви много здраве.
  뽀젤라밤 　　　비 　므노고 　　즈드라베

- 식구들에게 안부 전해 주세요.
  Много поздрави на семейство Ви.
  무노고 　　뽀즈드라비 　나 쎄메이쓰뜨보 　　비

- 안녕. / 잘 가.
  Чао.
  차오

1.5 대답의 표현

- 예.
  Да.
  다

- 아니오.
  Не.
  네

- 동의합니다.
  Съгласен съм.
  써글라쎈 　　　썸

- 좋습니다.
  Добре. / Хубаво.
  도브레 　　　후바보

- 좋은 생각입니다.
  Добра идеа.
  도브라 이데아

- 그렇지 않습니다.
  Не е така.
  네 에 따까

• 천만에요.
Моля. / Няма защо.
몰랴　　　냐마　　자쉬또

• 전혀 그게 아닙니다.
Изобщо не е така.
이좁쉬또　　네　에 따까

> **문화 이해**
>
> 불가리아에서는 고갯짓이 우리와 반대입니다. '예'를 표현할 때는 고개를 옆으로 흔들고, '아니오'를 표현할 때는 고개를 위아래로 흔듭니다.

1.6 미안함의 표현

• 미안합니다.
Извинявам се.
이브비냐밤　　　쎄

• 실례합니다.
Прощавайте!
쁘로쉬따바이떼

• 실례합니다.
Извинете!
이지비네떼

• 실례합니다.
Моля!
몰랴

 감사의 표현

- 감사합니다.
  Благодаря.
  블라고다랴

- 고맙습니다.
  Мерси.
  메르씨

- 대단히 감사합니다.
  Благодаря много.
  블라고다랴　므노고

- 대단히 고맙습니다.
  Мерси много.
  메르씨 므노고

알아 두세요

프랑스 말에서 들어온 мерси는 서로 잘 아는 사이나 비공식적인 상황에서 사용됩니다.

모르는 사람을 부를 때 쓰는 호칭

Господине! (성인 남자를 부를 때 사용)
고쓰뽀디네

Госпожо! (성인 여자를 부를 때 사용)
고쓰뽀죠

Госпожице! (미혼 여자를 부를 때 사용)
고쓰뽀쥐쩨

Младежо! (젊은이를 부를 때 사용)
블라데죠

 소개하기

- 제 이름은 인수입니다.
  Аз се казвам Ин Су.
  아쓰쎄 까즈밤   인 수

- 제 이름은 인수입니다.
  Името ми е Ин Су.
  이메또   미 에 인 수

- 저는 한국에서 왔습니다.
  Аз съм от Южна Корея.
  아쓰 썸   오뜨 유쥐나   꼬레야

- 저는 한국사람(남자)입니다.
  Аз съм южнокореец.
  아쓰 썸   유쥐노꼬레에쯔

- 저는 한국사람(여자)입니다.
  Аз съм южнокорейка.
  아쓰 썸   유쥐노꼬레이카

- 저는 학생입니다.
  Аз съм студент.
  아쓰 썸   쓰뚜덴뜨

- 저는 관광객입니다.
  Аз съм турист.
  아쓰 썸   뚜리쓰뜨

- 저는 사업가(비즈니스맨)입니다.
  Аз съм бизнесмен.
  아쓰 썸   비즈네쓰멘

- 저는 외교관입니다.
  Аз съм дипломат.
  아쓰 썸　　디쁠로마뜨

- 저는 서울에 삽니다.
  Аз живея в Сеул.
  아쓰 쥐베야　브 쎄울

- 저는 소피아대학교에서 한국학을 공부합니다.
  Аз уча кореистика в Софийския университет.
  아쓰 우차　꼬레이쓰띠까　　브 쏘피이스끼야　　우니베르씨떼뜨

- 저는 서울대학교에서 경제학을 공부합니다.
  Аз уча икономика в Сеулския университет.
  아쓰 우차　이꼬노미까　　브 쎄울쓰키야　　우니베르씨떼뜨

- 저는 쉐라톤 호텔에 묵습니다.
  Аз съм настанен в хотел "Шератон".
  아쓰 썸　　나쓰따넨　　브 호텔　　쉐라똔

- 저는 불가리아 음식을 좋아합니다.
  Аз обичам българско ядене.
  아쓰 오비참　　벌가르스코　　야데네

- 저는 (불가리아) 요구르트를 좋아합니다.
  Аз обичам (българско) кисело мляко.
  아쓰 오비참　　(벌가르쓰꼬)　　끼쎌로　　믈랴꼬

- 저는 불가리아 말을 조금 이해합니다.
  Аз разбирам малко български език.
  아쓰 라즈비람　　말꼬　　벌가르스키　　에직

- 저는 불가리아 말을 모릅니다.
  Аз не зная български език.
  아쓰 네　즈나야 벌가르스키　　에직

- 저는 결혼했습니다. (남자)
  Аз съм женен.
  아쓰 썸　　줴넨

• 저는 결혼했습니다. (여자)
Аз съм омъжена.
아쓰 썸　오머줴나

• 저는 미혼입니다. (남자)
Аз не съм женен.
아쓰네 썸　줴넨

• 저는 미혼입니다. (여자)
Аз не съм омъжена.
아쓰네 썸　오머줴나

• 저는 아이가 한 명 있습니다.
Аз имам едно дете.
아쓰 이맘　에드노 데떼

• 저는 아들 한 명과 딸 한 명이 있습니다.
Аз имам едно момче и едно момиче.
아쓰 이맘　에드노 몸체　이 이드노 모미체

• 저는 아이가 없습니다.
Аз нямам дете.
아쓰 냐맘　데떼

• 제 부모님은 한국에 사십니다.
Родителите ми живеят в Корея.
로디뗄리떼　미 쥐베엿　브 꼬레야

• 저는 23살입니다.
Аз съм на двайсет и три години.
아쓰 썸　나 드바이쎗　이 뜨리 고디니

• 저는 라끼야를 좋아합니다.
Аз обичам ракия.
아쓰 오비참　라끼야.

• 저는 커피를 마시지 않습니다.
Аз не пия кафе.
아쓰네 삐야 까페

● 남한 – 북한 ●

대한민국
Република Корея
레뿌블리까　　　꼬레야

조선인민민주주의공화국
Корейска Народна
꼬레이스카　　　나로드나
Демократична Република
데모크라띠츠나　　　레뿌블리까
(КНДР)

한국 (남한)
Южна Корея
유쮀나　　꼬레야

북한
Северна Корея
쎄베르나　　꼬레야

한국 사람(남한 사람)
южнокореец (남자)
유쮀노꼬레에쯔
южнокорейка (여자)
유쮀노꼬레이까

북한 사람
севернокореец (남자)
쎄베르노꼬레에쯔
севернокорейка (여자)
쎄베르노꼬레이까

● 남자 – 여자 ●

학생(남자대학생) – 여학생(여자대학생)
студент - студентка
쓰뚜덴뜨　　　쓰뚜덴뜨까

남학생 – 여학생 (초중고등학생)
ученик - ученичка
우체닉　　　우체니츠까

한국 남자 – 한국 여자
кореец - корейка
꼬레에쯔　　　꼬레이까

불가리아 남자 – 불가리아 여자
българин - българка
벌가린　　　벌가르까

소년 – 소녀
момче - момиче
몸체   모미체

아들 – 딸
син - дъщеря
씬   더쉬떼랴

선생님 (초중고등학교)
учител - учителка
우치떼   우치뗄까

선생님 (대학교)
преподавател - преподавателка
쁘레뽀다바뗄   쁘레뽀다바뗄까

▶ 상대방에게 묻는 말

• 불가리아 말을 아십니까?
Знаете ли български (език)?
즈나에떼   리   벌가르쓰끼   (에직)

• 한국말을 이해하십니까?
Разбирате ли корейски (език)?
라즈비라떼   리   꼬레이쓰키   (에직)

• 영어를 아십니까?
Знаете лн английски (език)?
즈나에떼   리   앙글리이쓰끼   (에직)

• 불가리아 사람(남자)입니까?
Българин ли сте?
벌가린   리   쓰떼

• 불가리아 사람(여자)입니까?
Българка ли сте?
벌가르까   리   쓰떼

• 어디에서 오셨습니까?
Откъде сте?
오뜨꺼데　　쓰테

• 어느 나라에서 오셨습니까?
От koя държава сте?
오뜨 꼬야　더르좌바　　쓰떼

• 한국을 아십니까?
Знаете ли за Корея?
즈나에떼　리　자 꼬레야

• 무슨 일을 하십니까?
С какво се занимавате?
쓰 까끄보　쎄　자니마바떼

• 불가리아에서 무엇을 하십니까?
Какво правите в България?
까끄보　쁘라비떼　　브 벌가리야

• 직업이 무엇입니까?
Каква професия имате?
까끄바　쁘로페씨야　　이바떼

• 어디에서 사십니까?
Къде живеете?
꺼데　쥐베에떼

• 가족이 있습니까?
Имате ли семейство?
이마떼　리　쎄메이쓰뜨보

• 결혼하셨습니까?
Семеен ли сте?
쎄메엔　리 쓰떼

• 결혼하셨습니까? (남자에게 하는 질문)
Женен ли сте?
줴넨　리 쓰떼

• 결혼하셨습니까? (여자에게 하는 질문)
Омъжена ли сте?
오머줴나   리   쓰떼

• 아이가 몇 명입니까?
Колко деца имате?
꼴꼬   데짜   이마떼

• 몇 살입니까?
На колко години сте?
나   꼴꼬   고디니   쓰떼

• 종교가 무엇입니까?
Каква религия имате?
까꼬바   렐리기야   이마떼

• 신앙이 무엇입니까?
Каква вяра имате?
까꼬바   뱌라   이마떼

• 생일이 언제입니까?
Кога Ви е рожденият ден?
꼬가   비 에 로쥐데니얏   덴

• 언제 태어나셨습니까? (남자에게 하는 질문)
Кога сте роден?
꼬가   쓰테 로덴

• 언제 태어나셨습니까? (여자에게 하는 질문)
Кога сте родена?
꼬가   쓰떼 로데나

• 형제 자매가 있습니까?
Имате ли брат или сестра?
이마떼   리   브라뜨 일리 쎄쓰뜨라

신앙 вяра 뱌라

종교	이슬람
религия	ислям
렐리기야	이슬럄

기독교	교회
християнство	църква
흐리쓰띠얀쓰뜨보	쩌르끄바

정교	수도원
православие	манастир
쁘라보쓸라비에	마나쓰띠르

가톨릭	사원
католицизъм	храм
까똘리찌점	흐람

개신교	이슬람 사원
протестантство	джъмия
쁘로떼쓰딴뜨쓰뜨보	저미야

불교	
будизъм	
부디점	

◆ 다른 사람 소개

• 제 친구 소피아를 소개합니다.
  Представям Ви приятеля си.
  쁘레드쓰따뱜   비 쁘리야뗄랴   씨

• 제 남편을 소개합니다.
  Представям Ви съпруга ми.
  쁘레드쓰따뱜   비 써쁘루가   미

- 제 아내와 서로 인사하시지요.
  Моля, запознаете се със съпругата ми.
  몰랴　자뽀즈나에떼　쎄 써쓰 써쁘루가따　미

- 그는 선생님입니다.
  Той е учител.
  또이　에 우치뗄

- 그녀는 주부입니다.
  Тя е домакиня.
  따　에 도마끼냐

- 그는 여기에서 학생입니다.
  Той е студент тук.
  또이　에 쓰뚜덴뜨　뚝

- 그는 개인 사업을 합니다.
  Той се занимава с частен бизнес.
  또이　쎄 자니마바　쓰 차쓰뗀　비즈네쓰

- 그녀는 음악을 좋아합니다.
  Тя обича музика.
  따　오비차　무지까

- 그는 성격이 좋습니다.
  Той има хубав характер.
  또이　이마 후바프　하락떼르

- 그는 멋있는 사람입니다.
  Той е симпатичен (човек).
  또이　에 씸빠띠쳰　(초벡)

- 그녀는 멋있는 여자입니다.
  Тя е симпатична (жена).
  따　에 씸빠띠츠나　(줴나)

- 그는 스물 두 살입니다.
  Той е на двайсет и две години.
  또이　에나 드아비쎗　이 드베 고디니

- 그녀는 무척 예쁩니다.
  Тя е страшно красива.
  따 에 쓰뜨라쉬노　끄라씨바

- 그가 삼 년 전부터 소피아에서 살고 있습니다.
  Той живее в София от три години.
  또이 쥐베에　브 쏘피야　옷 뜨리 고디니

인칭 대명사

단수			복수	
나; 저　Аз			우리; 저희	Ние
너　Ти		(존대: Вие)	여러분	Вие
그　Той ;	그녀　Тя		그들, 그녀들	Те

 04 다른 사람에게 말을 걸기

- 실례합니다.
  Извинете!
  이즈비네떼

- 실례합니다.
  Моля!
  몰랴

- 죄송합니다.
  Прощавайте!
  쁘로쉬따바이떼

- 미안합니다.
  Извинявам се.
  이즈비냐밤 쎄

- 미안합니다.
  Извинявайте!
  이즈비냐바이떼

- 무엇을 원하십니까?
  Какво желаете?
  까끄보   줴라에떼

- 무엇을 도와 드릴까요?
  С какво да Ви помогна?
  쓰 까끄보   다 비   뽀모그나

- 도와 드릴까요?
  Да Ви помогна ли?
  다 비 뽀모그나   리

• 누구를 찾으세요?
Кого търсите?
꼬고   떠르씨떼

• 무엇을 찾으세요?
Какво търсите?
까끄보   떠르씨떼

• 문제가 있습니까?
Проблем ли имате?
쁘로블렘   리 이마떼

마법의 단어 моля

моля(몰랴)는 여러 상황에서 사용된다.
① 명령문에서 부탁을 나타낸다. "제발, 해 주세요"
② 감사나 칭찬에 대해 겸손한 대답으로 쓰인다. "뭘요, 천만에요"
③ 미안함을 표시하는 말에 대해 겸손한 대답으로 쓰인다. "괜찮아요"
④ 상대방이 한 말을 못 들어서 다시 말해 달라고 할 때 쓰인다. "다시 말
   해 주세요", "뭐라고 하셨어요?"
⑤ 상대방이 한 말을 강하게 부정할 때 쓰인다. "당치도 않아요", "뭐라고
   요?"
⑥ 전화를 받을 때 ало(알로) 대신에 쓰인다. "여보세요"
⑦ 상대방의 주의를 끌 때 쓰인다. 예를 들면,
   "길을 비켜 주세요", "주목해 주세요" 등의 상황에 쓰인다.
⑧ 부탁할 때 "제발 부탁을 들어 주세요"
⑨ 다른 사람의 관심을 유도할 때 "실례합니다"

대답하기

▶ **긍정의 대답**

- 예.
  Да
  다

- 그렇습니다.
  Така е.
  따까　에

- 동의합니다.
  Съгласен съм.
  써글라쎈　　썸

- 기꺼이 (하겠습니다).
  С удоволствие.
  쓰 우도볼쓰뜨비에

- 저한테는 좋습니다.
  Добре ми е.
  도브레　미 에

- 당신 말이 옳습니다. (남자에게)
  Вие сте прав.
  비에　쓰떼　쁘라프

- 당신 말이 옳습니다. (여자에게)
  Вие сте права.
  비에　쓰떼　쁘라바

- 분명히.
  Сигурно.
  씨구르노

- 아마(도).
  Може би.
  모줴 비

- 분명히 그렇습니다.
  Сигурно е така.
  씨구르노 에 따까

- 당신을 이해합니다.
  Разбирам Ви.
  라즈비람 비

- 알겠습니다.
  Разбрано.
  라즈브라노

- 알았습니다.
  Разбрах.
  라즈브라흐

- 알고 있습니다.
  Зная.
  즈나야

- 저도 그렇게 생각합니다.
  И аз мисля така.
  이 아쓰 미쓸랴 따까

▷ 부정의 대답

- 아니오.
  Не.
  네

- 그렇지 않습니다.
  Не е така.
  네   에따까

- 동의하지 않습니다.
  Не съм съгласен.
  네   썸   써글라쎈

- 저는 그렇게 생각하지 않습니다.
  Аз не мисля така.
  아쓰네 미쓸랴   따까

- 저는 원하지 않습니다. / 저는 하고 싶지 않습니다.
  Аз не искам.
  아쓰네   이쓰깜

- 당신 말이 틀립니다. (남자에게)
  Вие не сте прав.
  비에 네 쓰떼 쁘라프

- 당신 말이 틀립니다. (여자에게)
  Вие не сте права.
  비에 네 쓰떼 쁘라바

- 이해가 안 됩니다.
  Не разбирам.
  네   라즈비람

- 모릅니다.
  Не зная.
  네   즈나야

- 모릅니다.
  Нямам представа.
  냐맘   쁘레드쓰따바

- 네가 잘못했다.
  Ти си сгрешил.
  띠 씨 스그레쉴

06 사과하기

- 죄송합니다.
  Извинявайте!
  이즈비냐바이떼

- 미안합니다.
  Прощавайте ме!
  쁘로쉬따바이떼　　메

- 늦어서 미안합니다.
  Извинявайте, че закъснях.
  이즈비냐바이떼　　체　자꺼쓰냐흐

- 약속을 잊어 버려서 미안합니다.
  Извинявайте, че забравих уговорката.
  이즈비냐바이떼　　체　자브라비흐　우고보르까따

- 귀찮게 해서 죄송합니다.
  Извинявайте за безпокойство.
  이즈비냐바이떼　　자　베쓰뽀고이쓰뜨보

- 제 사과를 받아 주세요.
  Моля, приемете моето извинение.
  몰랴　쁘리에메떼　모에또　이즈비네니에

● 사과에 대한 반응 ●

괜찮습니다.
Моля.
몰랴

괜찮습니다.
Няма защо.
냐마　　자쉬또

아무렇지도 않습니다.
Няма нищо.
냐마　　니쉬또

07 질문하기

- 이것이 무엇입니까?
  Какво е това?
  까끄보　에 또바

- 누구입니까?
  Кой е?
  꼬이　에

- 언제입니까?
  Кога е?
  꼬가　에

- 어디입니까?
  Къде е?
  꺼데　에

- 왜 그렇습니까?
  Защо е (така)?
  자쉬또　에 (따까)

- 어떻게 생겼습니까?
  Как изглежда?
  깍　이즈글레쥐다

- 얼마입니까?
  Колко е?
  꼴꼬　에

- 값이 얼마입니까?
  Колко струва?
  꼴꼬　쓰뜨루바

- 가격이 얼마입니까?
  Каква е цената?
  까끄바　에 쩨나따

- 몇 시입니까?
  Колко е часът?
  꼴꼬　　에 차썻

- 무슨 일입니까?
  Какво стана?
  까끄보　쓰따나

- 직업이 무엇입니까?
  Каква Ви е професията?
  까끄바　　비　에 쁘로페씨야따

- 이름이 무엇입니까?
  Как се казвате?
  깎　쎄 까즈바떼

- 그의 이름은 무엇입니까?
  Как се казва той?
  깎　쎄 까즈바　또이

- 그녀의 이름은 무엇입니까?
  Как се казва тя?
  깎　쎄 까즈바　땨

- 영어를 할 줄 아십니까?
  Знаете ли английски?
  즈나에떼 리　앙글리이쓰키

- 한국을 아십니까?
  Знаете ли за Корея?
  즈나에떼 리 자 고레야

- 나이가 얼마입니까?
  На колко години сте?
  나 꼴꼬　　고디니　쓰떼

- 너 몇 살이냐?
  На колко години си?
  나 꼴꼬 고디니 씨

- 화장실이 어디에 있습니까?
  Къде е тоалетната?
  꺼데 에 토알레뜨나따

- 우체국이 어디에 있습니까?
  Къде е пощата?
  꺼데 에 뽀쉬따따

- 호텔이 어디에 있습니까?
  Къде е хотелът?
  꺼데 에 호텔럿

- 기차역이 어디에 있습니까?
  Къде е гарата?
  꺼데 에 가라따

- 지하철 역이 어디에 있습니까?
  Къде е метростанцията?
  꺼데 에 메뜨로쓰딴찌야따

- 약국이 어디에 있습니까?
  Къде е аптеката?
  꺼데 에 압떼까따

- 가게가 어디에 있습니까?
  Къде е магазинът?
  거데 에 마가지넛

- 백화점이 어디에 있습니까?
  Къде е универсалният магазин?
  꺼데 에 우니베르쌀니얏 마가진

- 병원이 어디에 있습니까?
  Къде е болницата?
  꺼데 에 볼니짜따

- 물을 어디에서 살 수 있습니까?
Къде мога да купя вода?
꺼데 모가 다 꾸퍄 보다

- 불가리아 사람(남자)입니까?
Българин ли сте?
벌가린 리 쓰떼

- 불가리아 사람(여자)입니까?
Българка ли сте?
벌가르까 리 쓰떼

- 외국인(남자)입니까?
Чужденец ли сте?
추쥐데네쯔 리 쓰떼

- 외국인(여자)입니까?
Чужденка ли сте?
추쥐덴까 리 쓰떼

08 축하하기

- 축하합니다.
  Честито!
  체쓰띠또

- 축하합니다.
  Моите поздравления.
  모이떼　뽀즈다라블레니야

- 브라보. / 참 잘했다.
  Браво!
  브라보

- 생일 축하합니다.
  Честит рожден ден!
  체쓰띳　로쥐덴　덴

- 새해 복 많이 받으세요.
  Честита Нова година!
  체쓰띠따　노바　고디나

- 이름날을 축하합니다.
  Честит имен ден!
  체쓰띳　이멘　덴

- 성탄을 축하합니다.
  Честита Коледа!
  체쓰띠따　꼴레다

- 즐거운 여행이 되길 바랍니다.
  Приятно пътуване!
  쁘리야뜨노　뻐뚜바네

• 잘 가십시오. (먼 길을 떠나는 사람에게)
Приятен път!
쁘리야뗀　　뻣

• 힘 내세요. / 낙담하지 마세요.
Горе главата!
고레　글라바따

• 맛있게 드십시오.
Добър апетит!
도버르　아뻬띳

• 건배.
Наздраве!
나즈드라베

• 건강하게 입으십시오. (새 옷이나 신발 등을 샀을 경우)
Със здраве да го носите!
써쓰　즈드라베　다　고　노씨떼

• 머리 모양이 예쁩니다. (새로 이발을 한 경우)
Честита нова прическа!
체쓰띠따　　노바　　쁘리체쓰까

# 09 요구하기

- 물 좀 주십시오.
  Моля, дайте ми вода.
  몰랴　　다이떼　미　보다

- 생수 좀 주십시오.
  Моля, дайте ми минерална вода.
  몰랴　　다이떼　미　미네랄나　　　보다
  Моля, дайте ми негазирана вода.
  몰랴　　다이떼　미　네가지라나　　　보다

- 찬 물을 주십시오.
  Моля, дайте ми студена вода.
  몰랴　　다이떼　미　쓰뚜데나　　보다

- 따뜻한 물을 주십시오.
  Моля, дайте ми топла вода.
  몰랴　　다이떼　미　또쁠라　보다

- 콜라를 주십시오.
  Моля, дайте ми кола.
  몰랴　　다이떼　미　꼴라

- 빵을 주십시오.
  Моля, дайте ми хляб.
  몰랴　　다이떼　미　흘럅

- 맥주를 주십시오.
  Моля, дайте ми бира.
  몰랴　　다이떼　미　비라

- 커피를 주십시오.
  Моля, дайте ми кафе.
  몰랴   다이떼 미 까페

- 주스를 주십시오.
  Моля, дайте ми сок.
  몰랴   다이떼 미 쏙

- 메뉴(판)을 주십시오.
  Моля, дайте ми меню.
  몰랴   다이떼 미 메뉴

- 계산서를 주십시오.
  Моля, дайте ми сметката.
  몰랴   다이떼 미 쓰메뜨까따

- 표를 주십시오.
  Моля, дайте ми билет.
  몰랴   다이떼 미 빌레뜨

- 표 한 장 주십시오.
  Един билет, моля.
  에딘   빌레뜨   몰랴

- 기다려 주십시오.
  Чакайте, моля.
  차카이떼   몰랴

⑩ 시간

▶ 숫자

1	едно	에드노
2	две	드베
3	три	뜨리
4	четири	체띠리
5	пет	뻿
6	шест	쉐쓰
7	седем	쎄뎀
8	осем	오쎔
9	девет	데벳
10	десет	데쎗
11	единайсет	에디나이쎗
12	дванайсет	드바나이쎗
13	тринайсет	뜨리나이쎗
14	четиринайсет	쩨띠리나이쎗
15	петнайсет	뻿뜨나이쎗
16	шестнайсет	쉐스나이쎗
17	седемнайсет	쎄뎀나이쎗
18	осемнайсет	오쎔나이쎗
19	деветнайсет	데벳나이쎗
20	двайсет	드바이쎗

21	двайсет и едно	드바이쎗 이 에드노
22	двайсет и две	드바이쎗 이 드베
30	трийсет	뜨리이쎗
40	четиридесет	체띠리데쎗
50	петдесет	뻿데쎗
60	шейсет	쉐이쎗
70	седемдесет	쎄뎀데쎗
80	осемдесет	오쎔데쎗
90	деветдесет	데벳데쎗
100	сто	쓰또
200	двеста	드베쓰따
300	триста	뜨리쓰따
1000	хиляда	힐랴다
10,000	десет хиляди	데쎗 힐랴디
1,000,000	милион	밀리온
1,000,000,000	билион, милиард	빌리온, 밀리아르뜨

▷ 요일

월요일	понеделник	뽀네델닉
화요일	вторник	프또르닉
수요일	сряда	쓰랴다
목요일	четвъртък	체뜨버르떡
금요일	петък	뻬떡
토요일	събота	서보따
일요일	неделя	네델랴

주	седмица	쎄드미짜
이번 주	тази седмица	따지 쎄드미짜
다음 주	следващата седмица	쓸레드바쉬따따 쎄드미짜
지난 주	миналата седмица	마날라따 쎄드미짜

● 요일을 묻고 답하기 ●

오늘이 무슨 요일입니까?
Кой ден е днес?
꼬이 덴　에 드네쓰

오늘은 월요일입니다.
Днес е понеделник.
드네쓰　에 뽀네델닉

▷ 달

1월	януари	야누아리
2월	февруари	페브루아리
3월	март	마르뜨
4월	април	아쁘릴
5월	май	마이
6월	юни	유니
7월	юли	율리
8월	август	아브구쓰(뜨)
9월	септември	쎕뗌브리
10월	октомври	옥똠브리
11월	ноември	노엠브리

12월	декември	데껨브리
달	месец	메쎄쯔
이번 달	този месец	또지 메쎄쯔
다음 달	следващият месец	쏠레드바쉬띠얏 메쎄쯔
지난 달	миналият месец	마날리얏 메쎄쯔

● 월을 묻고 답하기 ●

오늘이 몇 월입니까?
Кой месец е днес?
꼬이 메쎄쯔 에 드네쓰

오늘이 8월입니다.
Днес е август.
드네쓰 에 아브구쓰뜨

▷ 날짜

날	ден	덴
하루 전	преди един ден	쁘레디 에딘 덴
이틀 전	преди два дена	쁘레디 드바 데나
하루 후	след един ден	쓸레드 에딘 덴
이틀 후	след два дена	쓸레드 드바 데나
1월 1일	първи януари	뻐르비 야누아리
3월 22일	двайсет и втори март	드바이쎗 이 프도리 마르트
10월 9일	девети октомври	데베띠 옥똠브리
12월 15일	петнайсети декември	뻬뜨나이쎄띠 데껨브리

● **날짜를 묻고 답하기** ●

오늘이 며칠입니까?
Коя дата сме днес?
꼬야 다따   쓰메 드네스

오늘은 1월 1일입니다.
Днес е първи януари.
드네스 에 뻐르비   야누아리

▷ **계절**

계절	сезон	쎄존
봄	пролет	쁘롤렛
여름	лято	랴또
가을	есен	에쎈
겨울	зима	지마

▷ **연**

연	година	고디나
금년	тази година	따지 고디나
내년	слеващата година	쓸레드바쉬따따 고디나
작년	миналата година	마날라따 고디나

● 연도 묻고 답하기 ●

지금이 몇 년입니까?
Коя година е сега?
꼬야 고디나   에 쎄가

2013년입니다.
Две хиляди и тринайсета година е.
드베 힐랴디   이 뜨리나이쎄따   고디나   에

오늘이 몇 년 몇 월 며칠입니까?
Коя дата е днес?
꼬야 다따   에 드네스

오늘은 2013년 11월 28일입니다.
Днес е двайсет и осми ноември две хиляди и
드네스 에 드바이쎄   이 오쓰미 노엠브리   드베 힐랴디   이
тринайсета година.
뜨리나이쎄따   고디나

▶ 시간

시	час	차쓰
분	минута	미누따
초	секунда	쎄꾼다
반	половина	뽈로비나
9시 반	девет и половина	데벳 이 뽈로비나
3시 20분	три и двайсет	뜨리 이 드바이쎗
아침	сутрин	쑤뜨린
저녁	вечер	베체르
밤	нощ	노쉬뜨
오전	преди обяд	쁘레디 오뱌뜨

오후	следобед	쓸레도베뜨
정오	пладне	쁠라드네
자정	полунощ	쁠루노쉬뜨
지금	сега	쎄가
오늘	днес	드네쓰
내일	утре	우뜨레
어제	вчера	프체라
하루 종일	цял ден	쨜덴
밤새도록	цяла нощ	쨜라 노쉬뜨

● 시간 묻고 답하기 ●

지금이 몇 시입니까?
Колко е часът сега?
꼴꼬　　에 차쌋　　쎄가

오후 4시 10분입니다.
Сега е четири (часа) и десет (минути) следобед.
쎄가　에 쩨띠리　(차사)　이 데쎗　(미누띠)　쓸레도베뜨

생활 회화

 색

▷ 기본 어휘

- 색
  цвят
  쯔뱟

- 흰색
  бял
  뱔

- 검은색
  черен
  체렌

- 회색
  сив
  씨프

- 빨간색
  червен
  체르벤

- 진홍색
  аленочервен
  알레노체르벤

- 노란색
  жълт
  쥘뜨

- 갈색
  кафяв
  까퍄프

- 오렌지색
  оранжев
  오란줴프

- 자주색
  лилав
  릴라프

- 보라색
  виолетов
  비올레또프

- 연보라색
  бледолилав
  블레도릴라프

- 파란색
  син
  씬

- 짙은 남색
  тъмносин
  떰노씬

- 감청색
  турскосин
  뚜르쓰꼬씬

- 녹색
  зелен
  젤렌

- 황록색
  маслиненозелен
  마쓸리네노젤렌

- 분홍색
  розов
  로조프

- 베이지색
  бежов
  베죠프

- 청동색
  бронзов
  브론조프

- 금색
  златен
  즐라뗀

- 은색
  сребърен
  쓰레버렌

- 진한 색
  тъмен цвят
  떠멘 쯔뱌뜨

- 연한 색
  светъл цвят
  쓰베떨 쯔뱌뜨

▷ **기본 표현**

- 무슨 색을 좋아하십니까?
  Какъв цвят обичате?
  까꺼프 쯔뱟 오비차떼

- 저는 분홍색을 좋아합니다.
  Аз обичам розов цвят.
  아즈 오비참   로조프   쯔뱟

날씨

▷ 기본 어휘

- 날씨
(метеорологическо) време
브레메

- 기후
климат
끌리맛

- 비
дъжд
더쉬

- 폭우
проливен дъжд
쁘롤리벤　　더쉬

- 장마철
дъждовен период
더쥐도벤　　뻬리옷

- 눈
сняг
쓰냑

- 서리
скреж
쓰끄레쉬

- 얼음
лед
렛

- 우박
  град
  그랏

- 진눈깨비
  суграшица
  쑤그라쉬짜

- 천둥
  гръмотевица
  그러모떼비짜

- 번개
  светкавица
  쓰베뜨까비짜

- 바람
  вятър
  뱌떠르

- 태풍
  тайфун
  따이푼

- 공기
  въздух
  버즈두흐

- 구름
  облак
  오블락

- 안개
  мъгла
  머글라

- 스모그
  смог
  스모그

- 하늘
  небе
  네베

- 해
  слънце
  쓸런쩨

- 달
  луна
  루나

- 별
  звезда
  즈베즈다

- 기압계
  барометър
  바로메떠르

- 일기예보
  прогноза за времето
  쁘로그노자　자　브레메또

- 기상 통보관
  метеоролог
  메떼오를록

- 맑은
  слънчево
  쓸런체보

- 흐린
  облачно
  오블라츠노

- 추운
  студено
  쓰뚜데노

- 서늘한
хладно
흘라드노

- 따뜻한
топло
또쁠로

- 더운
горещо
고레쉬또

- 습한
влажно
블라쥬노

- 건조한
сухо
쑤호

- 안개 낀
мъгливо
머글리보

- 바람 부는
ветровито
베뜨로비또

- 후텁지근한
задушно
자두쉬노

- 비가 오다
вали дъжд
발리　더쉬

- 이슬비가 내리다
ръми
러미

- (눈, 비가) 많이 오다
  вали силно
  발리　씰노

- 눈이 오다
  вали сняг
  발리　쓰냑

- 얼다
  замръзвам
  자므러즈밤

- 녹다
  топя се
  또빠　쎄

- 폭풍이 불다
  буря
  부랴

▶ 기본 표현

- 오늘 날씨가 어때요?
  Какво е времето днес?
  까끄보　에 브레메또　드네쓰

- 내일 날씨가 어때요?
  Какво ще бъде времето утре?
  까끄보　쉬떼 버데　브레메또　우뜨레

- 일기 예보가 어때요?
  Каква е прогнозата за времето?
  까끄바　에 쁘로그노자따　자 브레메또

- 날씨가 좋을 거예요.
  Ще бъде хубаво.
  쉬떼　버데　후바보

- 오늘은 더워요.
  Днес е горещо.
  드네쓰　에 고레쉬또

- 날씨가 좋아질 것 같아요.
  Изглежда, че времето ще се оправи.
  이즈글레쥐다　체 브레메또　쉬떼 쎄 오쁘라비

- 아마도 날씨가 나빠질 거예요.
  Може би времето ще се развали.
  모줴　비 브레메또　쉬떼 쎄 라즈발리

- 바람이 불어요.
  Духа вятър.
  두하　뱌떠르

- 비가 올 거예요.
  Ще вали дъжд.
  쉬떼 발리　더쉬

- 비가 억수같이 퍼부어요.
  Вали пороен дъжд.
  발리　쁘로엔　더쉬

- 천둥과 번개가 쳐요.
  Гърми и се святка.
  거르미　이 쎄 쓰뱌뜨까

- 바람이 불어요.
  Ветровито е.
  베뜨로비또　에

- 안개가 꼈어요.
  Има мъгла.
  이마　머글라

- 봄에는 날씨가 변덕스러워요.
  Времето е променливо през пролетта.
  브레메또　에 쁘로멘리보　쁘레쓰 쁘롤렛따

- 눈이 녹아요.
  Снегът се топи.
  쓰네것　쎄　또삐

- 우산을 가지고 갈까요?
  Да взема ли чадър?
  다　브제마　리　차더르

- 안개 때문에 기차가 연착해요.
  Влаковете закъсняват заради мъглата.
  블라꼬베떼　자거쓰냐밧　자라디　머글라따

- 기온이 몇 도입니까?
  Каква е температурата?
  까끄바　에　뗌뻬라뚜라따

- 영 도예요.
  0 градус.
  눌라 그라두쓰

- 영하예요.
  Под нулата е.
  뽓　눌라따　에

- 영상이에요.
  Над нулата е.
  낫　눌라따　에

- 추위를 못 참아요.
  Не понасям студа.
  네　뽀나쌈　쓰뚜다

- 기압이 내려가요.
  Атмосферното налягане се понижава.
  앗모쓰페르노또　날랴가네　쎄　뽀니좌바

- 기압이 올라가요.
  Атмосферното налягане се повишава.
  앗모쓰페르노또　날랴가네　쎄　뽀비샤바

쇼핑

▷ **기본 어휘**

- 쇼핑
  пазаруване
  빠자루바네

- 쇼핑 센터
  търговски център
  떠르곱쓰키　　쩬떠르

- 시장
  пазар
  빠자르

- 가게
  магазин
  마가진

- 24시간 편의점
  денонощен магазин
  데노노쉬뗀　　　마가진

- 백화점
  универсален магазин
  우니베르쌀렌　　　마가진

- 슈퍼마켓
  супермаркет
  쑤뻬르마르껫

- 계산대
  щанд
  쉬딴드

• 가게 주인
собственик на магазин
쏩쓰뜨베닉　　　나　마가진

• 점원, 판매원
продавач
쁘로다바치

• 손님
клиент
클리엔뜨

• 세일
разпродажба
라즈쁘로다쥐바

• 가격, 값
цена
쩨나

• 도매가격
цена на едро
쩨나　나　에드로

• 소매가격
цена на дребно
쩨나　나　드레브노

• 싼 가격
изгодна (ниска) цена
이즈고드나　(니쓰까)　쩨나

• 할인 가격
намалена цена
나말레나　쩨나

• 영수증
касова бележка
까쏘바　벨레쉬까

- 불량품
дефектни стоки
데펙뜨니   쓰또끼

- 비싸다
скъпо
쓰커뽀

- 싸다
евтино
에프띠노

- 고르다
избирам
이즈비람

- 주문하다
поръчвам
뽀러츠밤

- 바꾸다
заменям
자메냠

- 돈을 내다
плащам
쁠라쉬땀

▷ 기본 표현

- 신발을 어디서 살 수 있습니까?
Къде мога да купя (намеря) обувки?
꺼데   모가   다 꾸빠   (나메랴)   오부프끼

- 자동차를 사고 싶습니다.
Искам да си купя кола.
이쓰깜   다 씨 꾸빠   꼴라

- 몇 시에 문을 엽니까?
  В колко часа отваряте?
  브 꼴꼬 차싸 오뜨바랴떼

- 일요일에는 문을 닫습니다.
  В неделя е затворено.
  브 네델랴 에 자뜨보레노

- 영업시간은 10시부터 8시까지입니다.
  Работното време е от 10 до 20 часа.
  라보뜨노또 브레메 에 오뜨 데셋 도 드바이셋 차사

- 미안합니다만, 숙녀화는 몇 층에 있습니까?
  Извинявайте, на кой етаж са дамските обувки?
  이즈비냐바이떼, 나 꼬이 에따쥐 싸 담쓰끼떼 오부프끼

- 일 층에 있습니다.
  На първия етаж.
  나 뻐르비야 에따쥐

- 뭘 도와 드릴까요?
  С какво мога да Ви услужа?
  쓰 까끄보 모가 다 비 우쓸루좌

- 칫솔을 찾습니다.
  Търся четка за зъби.
  떠르샤 체뜨까 자 저비

- 치약이 있습니까?
  Имате ли паста за зъби?
  이마떼 리 빠쓰따 자 저비

- 밀가루를 팝니까?
  Продавате ли брашно?
  쁘로다바떼 리 브라쉬노

- 죄송하지만 담배를 팔지 않습니다.
  Съжалявам, не продаваме цигари.
  써좌랴밤 네 쁘로다바메 찌가리

• 담배는 다 팔렸습니다.
Съжалявам, свършихме цигарите.
써좌라밤　　　　쓰버르쉬흐메　　찌가리떼

• 새 물건이 언제 들어옵니까?
Кога очаквате да Ви доставят нови продукти?
꼬가　오차끄바떼　다 비 도쓰따밧　　노비　쁘로둑띠

• 언제 신제품을 받습니까?
Кога ще получите нови продукти?
고가　쉬떼 뽈루치떼　　노비　쁘로둑띠

• 저 휴대전화를 볼 수 있습니까?
Бих желал да видя този мобилен телефон.
비흐 쉘랄　　다 비댜 또지 모빌렌　　뗄레폰

• 얼마입니까?
Колко струва?
꼴꼬　　쓰뜨루바

• 이해를 못 했습니다.
Не разбирам.
네 라즈비람

• 가격을 써 주시겠습니까?
Можете ли да напишете цената?
모줴떼　　리 다 나삐쉐떼　　쩨나따

• 너무 비쌉니다.
Много е скъпо.
므노고　　에 쓰꺼뽀

• 좀 깎아 주세요.
Може ли да направите отстъпка?
모줴　리 다 나쁘라비떼　　오뜨쓰텁까

• 미안하지만 정찰제입니다.
Съжалявам, но цените ни са фиксирани.
써좌라밤　　　　노 쩨니떼　니 사 픽씨라니

• 더 싼 것 없어요?
Нямате ли нещо по-евтино?
냐마떼 리 네쉬또 뽀 에프띠노

• 이것이 제일 싼 가격이에요?
Това най-ниската цена ли е?
또바 나이 니쓰까따 쩨나 리 에

• 이것이 질이 더 좋은 것입니다.
Това е по-хубаво качество.
또바 에 뽀 후바보 까체쓰뜨보

• 이것을 사겠어요
Ще взема това.
쉬떼 브제마 또바

• 진열창에 있는 우산이 마음에 들어요.
Харесва ми чадърът на витрината.
허레쓰바 미 타더럿 나 비뜨리나따

• 그걸 보여 줄 수 있습니까?
Може ли да ми го покажете?
모줴 리 다 미 고 뽀까줴떼

• 다른 것을 보여줄 수 있습니까?
Можете ли да ми покажете нещо друго?
모줴떼 리 다 미 뽀까줴떼 네쉬도 드루고

• 이것을 사시겠습니까?
Ще го вземете ли?
쉬떼 고 브제메떼 리

• 어디서 계산을 합니까?
Къде да платя?
꺼데 다 쁠라따

• 현금으로 지불하시겠습니까, 아니면 수표로 내시겠습니까?
В брой ли ще платите или с чек?
브 브로이 리 쉬떼 쁠라띠떼 일리 쓰 체끄

• 현금으로 내겠습니다.
Ще платя в брой.
쉬떼 쁠라땨 브 브로이

• 신용 카드로 지불할 수 있어요?
Мога ли да платя с кредитна карта?
모가 리 다 쁠라땨 쓰 끄레디뜨나 까르따

• 영수증을 보관하세요.
Запазете касовата бележка.
자빠제떼 까쏘바따 벨레쉬까

• 돈이 모자랍니다.
Нямам достатъчно пари в себе си.
냐맘 도쓰따떠츠노 빠리 브 쎄베 씨

• 이것을 보관해 주시겠습니까?
Бихте ли запазили това?
비흐떼 리 자빠질리 또바

• 어제 이것을 샀어요
Купих това вчера.
꾸삐흐 또바 프체라

• 제품에 이상이 있어요.
Има дефект.
이마 데펙뜨

• 바꿔 줄 수 있습니까?
Може ли да го смените?
모줴 리 다 고 쓰메니떼

• 환불해 드릴까요 아니면 교환해 드릴까요?
Парите ли желаете да Ви върнем или ще вземете
빠리떼 리 줴라에떼 다 비 버르넴 일리 쉐떼 브제메떼
нещо друго?
네쉬또 드루고

 04 식료품

▷ 기본 어휘

- **식료품**
  хранителни стоки
  흐라니뗄니　　쓰또끼

- **조미료**
  подправки
  뽀뜨쁘라프키

- **소금**
  сол
  쏠

- **고춧가루**
  червен пипер
  체르벤　　삐뻬르

- **후춧가루**
  черен пипер
  체렌　　삐뻬르

- **설탕**
  захар
  자하르

- **흑설탕**
  нерафинирана захар
  네라피니라나　　자하르

- **겨자**
  горчица
  고르치짜

- 식초
оцет
오쩨뜨

- 밀가루
брашно
브라쉬노

- 전분
нишесте
니쉐쓰떼

- 빵
хляб
흘랍

- 빵가루
галета
갈레따

- 검은 빵
черен хляб
체렌　흘랍

- 소다
сода
쏘다

- 베이킹 파우더
бакпулвер
박뿔베르

- 바닐리아 향
ванилия
바닐리야

- 깨
сусам
쑤쌈

- 땅콩
  фъстък
  퍼쓰떡

- 아몬드
  бадем
  바뎀

- 호두
  орех
  오레흐

- 해바라기 씨
  слънчогледови семки
  쓸런초글레도비   쎔끼

- 건포도
  стафиди
  쓰따피디

- 마카로니
  макарони
  마까로니

- 스파게티
  спагети
  쓰빠게띠

- 옥수수 기름
  царевично олио
  짜레비치노   올리오

- 해바라기 기름
  слънчогледово олио
  쓸런초글레도보   올리오

- 콩기름
  соево олио
  쏘에보   올리오

- 올리브 기름
  зехтин
  제흐띤

- 올리브
  маслини
  마쓸리니

- 두부
  тофу
  또푸

- 계란
  яйце
  야이쩨

- 커피
  кафе
  까페

- 커피 콩
  кафе на зърна
  까페　나　저르나

- 가루 커피
  кафе мляно
  까페　믈랴노

- 카페인 없는 커피
  кафе без кофеин
  카페　베쓰　꼬페인

- 코코아
  какао
  까까오

- 차
  чай
  차이

- 홍차
  черен чай
  체렌　　차이

- 녹차
  зелен чай
  젤렌　　차이

- 초콜릿
  шоколад
  쇼꼴랏

- 꿀
  мед
  멧

- 잼
  конфитюр, сладко
  꼰피뜌르,　　쏠라뜨꼬

- 젤리
  желе
  젤레

- 쌀
  ориз
  오리쓰

- 통조림
  консервирани храни
  꼰쎄르비라니　　흐라니

- 오이 피클
  кисели краставички
  끼쎌리　　끄라쓰따비츠끼

- 케첩
  кетчуп
  껫춥

- 빨랫비누
  сапун за пране
  싸뿐 자 쁘라네

- 세숫비누
  сапун за миене
  싸뿐 자 미에네

- 가루비누
  прах за пране
  쁘라흐 자 쁘라네

- 식기 세척제
  веро
  베로

- 표백제
  белина
  벨리나

- 수세미
  гъба за миене
  거바 자 미에네

- 고기
  месо
  메쏘

- 정육점
  месарница
  메싸르니짜

- 생선가게
  рибарски магазин
  리바르쓰끼 마가진

- 소고기
  телешко месо
  뗄레쉬꼬 메쏘

- 양고기
  агнешко месо
  마그네쉬꼬　메쏘

- 돼지고기
  свинско месо
  쓰빈쓰꼬　메쏘

- 사슴고기
  еленово месо
  엘레노보　메쏘

- 새고기
  птиче месо
  쁘띠체　메쏘

- 닭고기
  пилешко месо
  삘레쉬꼬　메쏘

- 칠면조
  пуйка
  뿌이까

- 거위
  гъска
  거쓰까

- 오리
  патица
  빠띠짜

- 메추리
  пъдпъдък
  뻐뻐덕

- 꿩
  фазан
  파잔

- 참새
  врабче
  브랍체

- 비둘기
  гълъб
  걸럽

- 까마귀
  гарван
  가르반

- 혀
  език
  에직

- 소꼬리
  телешка опашка
  텔레쉬까　오빠쉬까

- 갈비
  ребра
  레브라

- 등심
  филе
  필레

- 안심
  бон филе
  본　필레

- 내장
  шкембе
  쉬껨베

- 간
  черен дроб
  체렌　드롭

- 우족
  телешки джолан
  뗄레쉬끼 졸란

- 사골
  телешки кокали от крака
  뗄레쉬끼 고깔리 옷 끄라까

- 삼겹살
  флейка
  플레이까

- 간 고기
  кайма
  까이마

- 햄
  шунка
  순까

- 베이컨
  бекон
  베꼰

- 소시지
  салам
  쌀람

- 생선
  риба
  리바

- 바닷고기
  морска риба
  모르쓰까 리바

- 민물고기
  речна риба
  레츠나 리바

- 신선한 생선
  прясна риба
  쁘랴쓰나 리바

- 말린 생선
  сушена риба
  쑤쉐나 리바

- 대구
  треска
  뜨레쓰까

- 가자미
  писия
  삐씨야

- 갈치
  сабя
  싸뱌

- 청어
  херинга
  헤린가

- 고등어
  скумрия
  쓰꾸므리야

- 정어리
  сардина
  싸르디나

- 동태
  замразена мерлуза
  자므라제나 메를루자

- 참치
  тон
  똔

- **철갑상어**
  есетра
  에쎄뜨라

- **연어**
  сьомга
  쏨가

- **송어**
  пъстърва
  뻐쓰떠르바

- **이면수 (임연수어)**
  морска пъстърва
  모르쓰까　뻐쓰떠르바

- **잉어**
  шаран
  샤란

- **문어**
  октопод
  옥또뿟

- **오징어**
  калмар
  깔마르

- **달팽이**
  охлюв
  오흘류프

- **어란**
  хайвер
  하이베르

- **철갑상어알**
  черен хайвер
  체렌　하이베르

- 바다가재
омар
오마르

- 게
рак
락

- 새우
скариди
쓰까리디

- 조개
миди
미디

▶ 기본 표현

- 소고기를 잘라 주세요.
Моля, разрежете ми телешкото.
몰랴　라즈레줴떼　미　뗄레쉬꼬또

- 돼지고기 일 킬로 주십시오.
Моля, дайте ми един килограм свинско месо.
몰랴　다이떼　미　에딘　낄로그람　쓰빈쓰꼬　메쏘

- 우족 하나 주세요.
Един телешки джолан, моля.
에딘　뗄레쉬끼　졸란　몰랴

- 이 고기는 너무 기름이 많아요.
Това парче месо е много тлъсто.
또바　빠르체　메쏘　에 므노고　뜰러쓰또

- 좀 더 큰 닭을 주세요.
Искам по-голямо пиле, моля.
이쓰깜　뽀　골랴모　삘레　몰랴

- 닭 한 마리 주세요.
  Дайте ми едно пиле, моля.
  다이떼 미 에드노 삘레 몰랴

- 고등어 세 마리 주세요.
  Дайте ми три скумрии.
  다이떼 미 뜨리 쓰꾸므리이

- 대구가 싱싱해요?
  Пресни ли са треските?
  쁘레쓰니 리 싸 뜨레쓰끼떼

유제품

▷ 기본 어휘

• 유제품
млечни продукти
믈레츠니　쁘로둑띠

• 우유
мляко
믈랴꼬

• 전유
пълномаслено мляко
뻴노마쓸레노　　믈랴꼬

• 저온살균우유
пастьоризирано мляко
빠쓰또리지라노　　믈랴꼬

• 탈지 우유
обезмаслено мляко
오베즈마쓸레노　믈랴꼬

• 초코 우유
шоколадово мляко
쇼꼴라도보　믈랴꼬

• 딸기 우유
ягодово мляко
야고도보　믈랴꼬

• 연유
кондензирано мляко
꼰덴지라노　　믈랴꼬

• 분유
сухо мляко
수호　　믈랴꼬

• 요구르트
кисело мляко
끼쎌로　　　믈랴꼬

• 크림
сметана
쓰메따나

• 유지방
масленост
마쓸레노쓰뜨

• 버터
масло
마쓸로

• 치즈
сирене
씨레네

• 노란 치즈
кашкавал
까쉬까발

• 마가린
маргарин
마르가린

• 아이스크림
сладолед
쓸라돌렛

▷ 기본 어휘

- **과일**
  плод
  쁠롯

- **채소**
  зеленчук
  젤렌축

- **채소 가게**
  магазин за зеленчуци
  마가진   자 젤렌추찌

- **과일 가게**
  магазин за плодове
  마가진   자 쁠로도베

- **고추**
  люти чушлета
  류띠   추쉴레따

- **피망**
  чушки
  추쉬끼

- **토마토**
  домат
  도맛

- **완두콩**
  грах
  그라흐

- 가지
  патладжан
  빠뜰라잔

- 샐러리
  целина
  쩰리나

- 감자
  картоф
  까르또프

- 양배추
  зеле
  젤레

- 배추
  китайско зеле
  끼따이쓰꼬　　젤레

- 시금치
  спанак
  쓰빠낙

- 애호박
  тиквичка
  띠끄비츠까

- 호박
  тиква
  띠끄바

- 오이
  краставица
  끄라쓰따비짜

- 당근
  морков
  모르꼬프

- 무
ряпа
랴빠

- 상추
маруля
마룰랴

- 양파
лук
룩

- 마늘
чесън
체썬

- 대파
праз
쁘라쓰

- 쪽파
пресен лук
쁘레쎈 룩

- 버섯
гъба
거바

- 사과
ябълка
야벌까

- 배
круша
끄루샤

- 체리
череша
체레샤

- 자두
  слива
  쓸리바

- 딸기
  ягоди
  야고다

- 수박
  диня
  디냐

- 참외, 메론
  пъпеш
  뻐뻬쉬

- 복숭아
  праскова
  쁘라쓰꼬바

- 살구
  кайсия
  까이씨야

- 포도
  грозде
  그로즈데

- 모과
  дюля
  둘랴

- 자몽
  грейпфрут
  그레입프룻

- 레몬
  лимон
  리몬

- 귤
  мандарина
  만다리나

- 오렌지
  портокал
  뽀르또깔

- 바나나
  банан
  바난

- 파인애플
  ананас
  아나나쓰

- 밤
  кестен
  께쓰뗀

- 무화과
  смокиня
  쓰모끼냐

▷ **기본 표현**

- 파 한 단 주십시오.
  Ще взема една връзка зелен лук.
  쉐떼 브제마 에드나 브러쓰까 젤렌 룩

- 이 상추는 시든 것 같은데요.
  Изглежда, че тези марули са увяхнали.
  이즈글레쥐다 체 떼지 마룰리 싸 우뱌흐날리

- 다른 것 없습니까?
  Нямате ли други?
  냐마떼 리 드루기

• 무 한 개 주십시오.
Дайте ми една ряпа, моля.
다이떼　미　에드나 랴빠　몰랴

• 사과 열 개 주세요.
Моля, дайте ми десет ябълки.
몰랴　다이떼 미 데쎗　야벌끼

• 지금 복숭아가 없습니다.
Сега нямаме праскови.
쎄가　냐마메　쁘라쓰꼬비

• 수박이 달고 맛있습니다.
Динята е вкусна и сладка.
디냐따　에 쁘꾸쓰나　이 쓸라뜨까

• 수박이 잘 익었습니까?
Добре ли е узряла динята?
도브레　리 에 우즈랼라　디냐따

• 딸기 2킬로 주세요.
Дайте ми два килограма ягоди, моля.
다이떼　미　드바 낄로그라마　야고디　몰랴

• 땅콩 1킬로 주세요.
Дайте ми едно кило фъстъци, моля.
다이떼　미　에드노 낄로　퍼쓰떠찌　몰랴

• 오렌지 한 개에 얼마예요?
Колко струва един портокал?
꼴고　쓰뜨루바　에딘　뽀르또깔

07 담배

▷ 기본 어휘

- 담배
  цигари
  찌가리

- 시가
  пура
  뿌라

- 필터
  филтър
  필떠르

- 파이프
  лула
  룰라

- 파이프 담배
  тютюн за лула
  뜌뜬　자 룰라

- 담배 케이스
  табакера
  따바께르

- 궐련용 파이프
  цигаре
  짜가레

- 재떨이
  пепелник
  뻬뻴닉

- 성냥
  кибрит
  끼브릿

- 라이터
  запалка
  자빨까

- 담배 한 갑
  една кутия цигари
  에드나 꾸티야 짜가리

- 담배 한 개비
  една цигара
  에드나 짜가라

▷ 기본 표현

- 말보로 두 갑 주세요.
  Две кутии Малборо, моля.
  드베 꾸띠이 말보로   몰랴

- 담배를 많이 피우시는군요.
  Много пушите.
  므노고   부쉬떼

- 담배를 끊을 수 없어요.
  Не мога да откажа цигарите.
  네 모가 다 오뜨까좌 찌가리떼

08 신문

▷ **기본 어휘**

- **신문**
вестник
베쓰닉

- **잡지**
списание
쓰삐싸니에

- **일간신문**
ежедневник
에줴드네브닉

- **석간신문**
вечерен вестник
베체렌　　베쓰닉

- **조간신문**
сутрешен вестник
슈뜨레쉔　　베쓰닉

- **주간신문**
седмичник
쎄드미츠닉

- **월간 잡지**
месечно списание
메쎄츠노　　쓰삐싸니에

- **특별 간행물**
специално издание
쓰빼찌알노　　이즈다니에

- 정기 간행물
периодично издание
베리오디츠노　　이즈다니에

- 견본
екземпляр
엑젬쁠라르

- 호
брой
브로이

- 뉴스
новина
노비나

- 헤드라인
заглавие
자글라비에

- 사설
редакционна статия
레닥찌온나　　쓰따띠야

- 평론
рецензия
레쩬지야

- 광고
реклама
레끌라마

- 정기 기고
постоянна рубрика
뽀쓰또얀나　　루브리까

- 기사
статия
쓰따띠야

- 주요 뉴스
  централни новини
  쩬뜨랄니　　　노비니

- 구독
  абонамент
  아보나멘뜨

▷ 기본 표현

- 어디에서 신문을 살 수 있습니까?
  Къде мога да купя вестник?
  꺼데　모가　다 꾸뺘　베쏫닉

- 신문 한 장 주십시오.
  Един вестник, моля.
  에딘　베쏫닉　　몰랴

- 어떤 패션 잡지가 있습니까?
  Какви модни списания имате?
  까끄비　모드니　쓰삐싸니야　이마떼

- 신문을 하나 구독하고 싶어요
  Искам да се абонирам за един вестник.
  이쓰깜　다 쎄 아보니람　　자 에딘　베쓰닉

- 한 달에 구독료가 얼마입니까?
  Колко е едномесечният абонамент?
  꼴꼬에　에 에드노메쎄츠니얏　　아보나멘뜨

- 석간신문이 왔어요?
  Пристигна ли вечерният вестник?
  쁘리쓰띠그나　리 베체르니얏　베쏫닉

- 외국 잡지를 팔아요?
  Продавате ли чужди списания?
  쁘로다바떼　리 추쥐디　쓰삐싸니야

09 책

▶ 기본 어휘

- 책
  книга
  끄니가

- 서점, 책방
  книжарница
  끄니좌르니짜

- 헌책방
  антикварна книжарница
  안띠끄바르나 끄니좌르니짜

- 사전
  речник
  레츠닉

- 여행 안내책
  пътеводител
  뻐떼보디뗄

- 외국어 회화집
  разговорник
  라즈고보르닉

- 장편소설
  роман
  로만

- 단편소설
  повест
  뽀베쓰뜨

- 이야기
разказ
라쓰까쓰

- 공상 과학 소설
научна фантастика
나우츠나　판다쓰티까

- 탐정소설
детективски роман
데떽띠프쓰키　로만

- 애정소설
любовен роман
류보벤　로만

- 참고서
справочник
쓰쁘라보츠닉

- 시
стихотворение
쓰띠호뜨보레니에

- 시집
стихосбирка
쓰띠호즈비르까

- 아동문학
детска литература
뎃쓰까　리떼라뚜라

- 문학평론
литературна критика
리떼라뚜르나　끄리띠까

- 언어학
езикознание
에지꼬즈나니에

- **역사**
  история
  이쓰또리야

- **철학**
  философия
  필로쏘피야

- **정치학**
  политология
  뽈리똘로기야

- **법학**
  право
  쁘라보

- **경제학**
  икономика
  이꼬노미까

- **자연과학**
  естествени науки
  에쓰떼쓰뜨베니　나우끼

- **수학**
  математика
  마떼마띠까

- **공학**
  техника
  떼흐니까

- **화학**
  химия
  히미야

- **생물학**
  биология
  비올로기야

- 의학
  медицина
  메디찌나

- 한국학
  кореистика
  꼬레이쓰띠까

- 중국학
  китаистика
  끼따이쓰띠까

- 일본학
  японистика
  야뽀니쓰띠까

- 저자
  автор
  아프또르

▷ **기본 표현**

- 책방이 어디에 있습니까?
  Къде се намира книжарницата?
  꺼데 쎄 나미라   끄니좌르니짜따

- 소피아 지도를 어디에서 구할 수 있습니까?
  Къде мога да намеря карта на София?
  거데   모가   다 나메랴   까르따   나   쏘피야

- 불가리아 지도가 있습니까?
  Имате ли карта на България?
  이마떼   리 까르따   나 벌가리야

- 불가리아 전통 관습에 관한 책을 찾습니다.
  Търся някаква книга за българските обичаи.
  더르샤   냐까끄바   끄니가   자 벌가르쓰끼떼   오비차이

- 그 책은 품절입니다.
  Книгата е изчерпана.
  끄니까따　　에 이스체르빠나

- 어떤 것이 가장 좋은 불가리아어-영어 사전이에요?
  Кой е най-добрият българо-английски речник?
  꼬이 에 나이 도브리얏　　벌가로　　안글리이쓰끼　　레츠닉

- 포켓용 영어사전을 추천해 주세요
  Можете ли да ми поръчате някой джобен
  모줴떼　　리 다 미 뽀러차떼　　냐꼬이 조벤
  английски речник?
  안글리이쓰끼　　레츠닉

- 사전이 어디 있는지 가르쳐 주세요
  Моля, покажете ми къде се намират речниците?
  몰랴,　　뽀까줴떼　　미 꺼데 쎄 나비랏　　레츠니찌떼

⑩ 문방구

▷ 기본 어휘

- **문방구, 문구류**
  книжарски стоки
  끄니좌르쓰끼　쓰또끼

- **문구점**
  книжарница (за канцеларски материали)
  끄지좌르니짜

- **봉투**
  плик
  쁠릭

- **항공우편 봉투**
  плик за въздушна поща
  쁠릭　자　버즈두쉬나　뽀쉬따

- **편지지**
  хартия за писма
  하르띠야　자　삐쓰마

- **축하카드**
  поздравителна картичка
  뽀즈드라비뗄나　가르띠츠까

- **생일 축하카드**
  картичка за рожден ден
  까르띠츠가　자　로쥐덴 덴

- **크리스마스 카드**
  картичка за Коледа
  까르티츠가　자　꼴레다

• 연하장
картичка за Нова година
까르티츠가　　자 노바　　고디나

• 수첩
бележник-тетрадка
벨레쥐닉-떼뜨라뜨까

• 다이어리
бележник-календар
벨레쥐닉-깔렌다르

• 일기장
дневник
드네브닉

• 포장지
амбалажна хартия
암발라쥐나　　　하르띠야

• 포장지
опаковъчна хартия
오빠꼬버츠나　　　하르띠야

• 상표
етикет
에띠껫

• (서류) 파일
папка
빱까

• 책싸개
обвивка на книга
옵비프까　　나　끄니가

• 연필
молив
몰리프

- 만년필
  автоматична писалка
  아프또마띠츠나　　삐쌀까

- 잉크
  мастило
  마쓰틸로

- 볼펜
  химикалка
  히미깔까

- 심
  пълнител
  뻴니뗄

- 지우개
  гума
  구마

- 연필깎이
  острилка
  오쓰트릴까

- 풀
  лепило
  레삘로

- 스카치 테이프
  скоч, тиксо
  쓰코치,　띡쏘

- 스케치북
  блок
  블록

- 종이 집게
  кламер
  끌라메르

- **타자기**
  пишеща машина
  삐쉐쉬따　　마쉬나

- **먹지**
  индиго
  인디고

- **먹**
  туш
  뚜쉬

- **자**
  линия
  리니야

- **서류 가방**
  чанта за документи
  찬따　　자 도꾸멘띠

- **수성 물감**
  водни бои
  보드니　　보이

- **유성 물감**
  маслени бои
  마쓸레니　　보이

- **색연필**
  цветен молив
  쯔베뗀　　몰리프

- **크레용**
  пастел
  빠쓰뗄

▷ 기본 표현

- 편지지와 편지봉투를 주십시오.
  Искам хартия за писма и пликове.
  이쓰깜 하르띠야 자 삐쓰마 이 쁠리꼬베

- 작은 공책 두 권 주세요.
  Дайте ми две малки тетрадки.
  다이떼 미 드베 말끼   떼뜨라뜨끼

- 볼펜 두 자루하고 심 두 개 주세요.
  Искам две химикалки с два резервни пълнителя.
  이쓰깜   드베 히미깔끼   쓰 드바 레제르브니   뻴니뗄랴

- 연필 한 자루 주십시오.
  Дайте ми един молив, моля?
  다이떼 미 에딘   몰리프   몰랴

 의류

▷ 기본 어휘

- **의류**
  облекло
  오블레끌로

- **옷**
  дреха
  드레하

- **남성복**
  мъжка конфекция
  머쉬까　꼰펙찌야

- **여성복**
  дамска конфекция
  담쓰까　꼰펙찌야

- **아동복**
  детска конфекция
  뎃쓰까　꼰펙찌야

- **속옷**
  бельо
  벨료

- **니트웨어**
  трикотаж
  뜨리꼬따쉬

- **평상복**
  всекидневно облекло
  프쎄끼드네브노　오블레끌로

• 스포츠 웨어
спортно облекло
쓰포르뜨노　오블레끌로

• 정장
официално облекло
오피찌알노　　오블레끌로

• 유니폼
униформа
유니포르마

• 상표
етикет
에띠껫

• 사용법
указание
우까자니에

▷ **기본 표현**

• 세탁 시 유의 사항을 지키십시오.
Следвайте указанията за пране и чистене.
쓸레브바이떼　우까자니야따　　자 쁘라네　이 치쓰떼네

• 그렇지 않으면 옷이 손상됩니다.
В противен случай ще повредите дрехите.
브 쁘로띠벤　　쓸루차이　쉬떼 뽀브레디떼　　드레히떼

• 손세탁 하시오.
Да се пере на ръка.
다 쎄 뻬레　나 러까

• 세탁기로 세탁하지 마시오.
Да не се пере в пералня.
다 네 쎄 뻬레 브 뻬랄냐

- 따뜻한 물로 세탁하시오.
  Да се пере с топла вода.
  다 쎄 뻬레 쓰 또쁠라 보다

- 찬물로 헹구시오.
  Да се изплаква със студена вода.
  다 쎄 이쓰쁠라끄바 써쓰 쓰뚜데나 보다

- 비벼 빨지 말고 짜지 마시오.
  Да не се търка и изстисква.
  다 네 쎄 떠르까 이 이쓰쓰띠쓰끄바

- 표백하지 마시오.
  Да не се избелва.
  다 네 쎄 이즈벨바

- 삶지 마시오
  Да не се изварява.
  다 네 쎄 이즈바랴바

- 옷걸이에 걸어서 말리시오.
  Да се суши на закачалка за дрехи.
  다 쎄 쑤쉬 나 자까찰까 자 드레히

- 눕혀서 말리시오.
  Да се суши в хоризонтално положение.
  다 쎄 쑤쉬 브 호리존딸노 뽈로줴니에

- 다리지 마시오.
  Да не се глади.
  다 네 쎄 글라디

- 약한 불로 다리시오.
  Да се глади със слаба ютия.
  다 쎄 글라디 써쓰 쓸라바 유띠야

- 드라이크리닝하시오.
  Да се дава на химическо чистене.
  다 쎄 다바 나 히미체쓰꼬 치쓰떼네

• 구김이 가지 않음.
He се мачка.
네 쎄 마츠까

• 줄지 않음.
He се свива.
네 쎄 쓰비바

• 분리 세탁하시오.
Да се пере отделно.
다 쎄 뻬레 옷델노

• 세탁 시 색이 빠집니다.
При пране цветът пуска.
쁘리 쁘라네 쯔베떳 뿌쓰까

• 제일 가까운 세탁소가 어디예요?
Къде се намира най-близкото химическо чистене?
꺼데 쎄 나미라 나이 블리쓰꼬또 히미체쓰꼬 치쓰떼네

• 이것을 드라이클리닝해 주세요.
Моля Ви, изперете това за химическо чистене.
몰랴 비 이쓰뻬레떼 또바 자 히미체쓰꼬 치쓰테네

• 이것 좀 세탁해 주세요.
Моля Ви, изперете това.
몰랴 비 이쓰페레떼 또바

• 이 바지를 좀 다려 주세요.
Моля Ви, изгладете тези панталони.
몰랴 비 이즈글라데떼 떼지 빤딸로니

• 이것 좀 고쳐 주세요.
Бихте ли преправили това?
비흐뗄 리 쁘레쁘라빌리 또바

• 언제쯤 될까요?
Kora ще е готово?
꼬가 쉬떼 에 고또보

• 오늘 밤에 필요해요.
Трябва ми за тази вечер.
뜨랴바　　　미　자　따지　베체르

• 가능하면 빨리 좀 해 주세요.
По възможност го направете бързо.
뽀　버즈모쥐노쓰뜨　　고　나쁘라베떼　　　버르조

• 이 얼룩을 뺄 수 있을까요?
Това петно дали ще излезе?
또바　　뻿노　　달리　쉬떼 이즐레제

• 이 단추 좀 달아 주세요.
Бихте ли зашили това копче?
비흐떼　리　자쉴리　　또바　꼽체

⑫ 여권

▶ 기본 어휘

- 여권
  паспорт
  빠쓰뽀르뜨

- 세관
  митница
  미뜨니짜

- 여권 심사
  паспортна проверка
  빠쓰뽀르뜨나　쁘로베르까

- 세관 검사
  митническа проверка
  미뜨니체쓰까　쁘로베르까

- 짐
  багаж
  바가쉬

- 가방
  чанта
  찬따

- 비자
  виза
  비자

- 이름
  име
  이메

- 국적
  националност
  나찌오날노쓰뜨

- 직업
  професия
  쁘로페씨야

- 주소
  адрес
  아드레쓰

- 여행 목적
  цел на пътуването
  쩰   나   뻐뚜바네또

- 방문기간
  продължителност на престоя
  쁘로덜쥐뗄노쓰뜨   나   쁘레쓰또야

- 세관원
  митничар
  미뜨니차르

- 관세
  мито
  미또

- 면세
  без мито
  베쓰   미또

- 세금
  данък
  다넉

- 술
  алкохол
  알꼬홀

- 담배
  цигара
  찌가라

- 향수
  парфюм
  빠르퓸

- 귀중품
  ценни предмети
  쩬니　　쁘레드메띠

- 귀금속
  бижута
  비쥬따

- 신고하다
  декларирам
  데끌라리람

▷ 기본 표현

- 여기 제 여권이 있습니다.
  Ето паспорта ми.
  에또　빠쓰뽀르따　　미

- 불가리아에 얼마 동안 머물 예정입니까?
  Колко време ще останете в България?
  꼴꼬　　브레메　쉬떼 오쓰따네떼　브 벌가리야

- 일주일 동안 있을 겁니다.
  Ще остана една седмица.
  쉬떼 오쓰타나　에드나　쎄드미짜

• 일 때문에 왔습니다.
По работа съм.
뽀 라보따   썸

• 여행객입니다.
Идвам като турист.
이드밤   까또   뚜리쓰트

• 이것은 제 짐입니다.
Това е моят багаж.
또바   에 모얏   바가쉬

• 이 가방은 선생님 것입니까?
Този куфар Ваш ли е?
또지   꾸파르   바쉬   리 에

• 짐이 더 있습니까?
Имате ли още багаж?
아마떼   리   오쉬떼 바가쉬

• 귀중품이 있습니까?
Носите ли някакви ценности?
노씨떼   리   냐까끄비   쩬노쓰띠

• 신고할 것이 있습니까?
Имате ли нещо за деклариране?
이마떼   리   네쉬또   자 데끌라리라네

• 신고할 것이 없습니다.
Нямам нищо за деклариране.
냐맘   니쉬또   자 데끌라리라네

• 위스키 한 병이 있습니다.
Имам една бутилка уиски.
이마   에드나 부띨까   우이쓰끼

• 관세를 내야 합니까?
Трябва ли да платя мито?
뜨럅바   리 다 쁠라따   미또

• 이것은 새 것이 아닙니다.
Това не е ново.
또바　네　에 노보

• 관세를 내셔야 합니다.
Трябва да платите мито.
뜨럅바　　다 쁠라띠떼　　미또

⑬ 은행

▶ 기본 어휘

- **은행**
  банка
  반까

- **동전**
  монети
  모네띠

- **지폐**
  банкнота
  반끄노따

- **은행 계좌**
  банкова сметка
  반꼬바　　쓰메뜨까

- **통장**
  банкова книжка
  반꼬바　　끄니쉬까

- **당좌 계정**
  текуща сметка
  떼꾸쉬따　쓰메뜨까

- **보통 예금**
  обикновен влог
  오비끄노벤　　블록

- **정기 예금**
  срочен влог
  쓰로첸　　블록

- 계좌 번호
номер на банкова сметка
노메르　　나　반꼬바　　쓰메뜨까

- 예금주
вложител
블로쥐뗄

- 이자
лихва
리흐바

- 금리
лихвен процент
리흐벤　　쁘로쩬뜨

- 계좌 비밀번호
парола на банковата сметка
빠롤라　　　나　반꼬바따　　　쓰메뜨까

- 현금인출기
банкомат
반꼬맛

- 대출금
заем
자엠

- 도장
печат
뻬찻

- 서명
подпис
뽓삐쓰

- 환전소
обменно бюро
옵멘노　　　뷰로

- 계좌를 개설하다
откривам сметка
오뜨끄리밤   쓰메뜨까

- 계좌를 해지하다
закривам сметка
자끄리밤   쓰메뜨까

- 돈을 찾다
тегля пари
떼글랴   빠리

- 은행에 저축하다
влагам пари в банка
블라감   빠리   브 반까

- 여행자 수표
пътнически чек
뻐뜨니체쓰끼   첵

- 수표를 현금으로 바꾸다
осребрявам чек
오쓰레브랴밤   첵

- 수표를 무효화하다
анулирам чек
아눌리람   첵

- 신용카드를 정지시키다
анулирам кредитна карта
아눌리람   끄레디뜨나   까르따

▷ 기본 표현

- 어디서 환전할 수 있습니까?
Къде мога да обменя парите си?
꺼데   모가   다 옵메냐   빠리떼   씨

• 달러를 바꾸고 싶습니다.
Искам да обменя долари.
이쓰깜　다 옵메냐　돌라리

• 은행이 어디 있어요?
Къде има банка?
꺼데　이마 반까

• 여행자 수표를 어디서 현금으로 바꿀 수 있어요?
Къде мога да осребря пътнически чек?
꺼데　모가　다 오쓰레브랴　뻐뜨니체쓰끼　첵

• 근처에 은행이 있어요?
Има ли банка някъде наблизо?
이마 리 반까　냐꺼데　나블리조

• 환전하고 싶어요.
Искам да обменя парите си.
이쓰깜　다 옵메냐　빠리떼　씨

• 이 수표를 돈으로 바꿔 줄 수 있어요?
Извинете, можете ли да осребрите този чек?
이즈비네떼　모제떼　리 다 오쓰레브리떼　또지 첵

• 환율이 어떻게 됩니까?
Какъв е курсът?
까꺼프　에 꾸르쎗

• 수수료를 받습니까?
Взимате ли комисионна?
브지마떼　리 꼬미씨온나

• 돈을 어떻게 드릴까요?
Как искате парите си?
깍　이쓰까떼　빠리떼　씨

• 수표로 주세요.
Моля, дайте ми ги в чекове.
몰랴　다이떼　미 기 브 체꼬베

- 50 레바짜리 열 장하고 나머지는 1레바짜리로 주세요.
  Искам 10 банкноти по 50 лева и останалите по 1
  이쓰감 데쎗 반끄노띠 뽀 뻬데쎗 레바 이 오쓰타날리떼 뽀 에딘
  лев.
  레프

- 은행 계좌를 개설하고 싶어요.
  Искам да открия банкова сметка.
  이쓰깜 다 오뜨끄리야 반꼬바 쓰메뜨까

- 저희 은행의 최소 예금액은 10레바입니다.
  Минималният депозит в нашата банка е 10 лева.
  미니말니얏 데뽀짓 브 나샤따 반까 에 데쎗 레바

- 신용카드를 만들고 싶어요.
  Бих искал да получа кредитна карта.
  비흐 이쓰깔 다 뽈루차 끄레디뜨나 까르따

- 서울로 송금하려고 해요.
  Бих искал да изпратя пари в Сеул.
  비흐 이쓰칼 다 이쓰쁘라따 빠리 브 쎄울

- 한국에서 송금을 받을 거예요.
  Чакам пари от Корея.
  차깜 빠리 오뜨 꼬레야

- 송금이 도착했습니까?
  Пристигнаха ли парите?
  쁘리쓰띠그나하 리 빠리떼

- 도장을 찍으세요.
  Сложете вашия печат.
  쓸로줴떼 바쉬야 뻬차뜨

- 여기 서명을 하세요.
  Подпишете тук, моля.
  뽀뜨삐쉐떼 뚝 몰랴

● 화폐 단위 ●

원
вон
본

유로
евро
에브로

달러
долар
돌라르

레바
лев
레프

 우체국

▷ 기본 어휘

- **우체국**
  пощa
  뽀쉬따

- **우체국**
  пощенска станция
  뽀쉬뗀쓰까　　쓰딴찌야

- **중앙 우체국**
  централна поща
  쩬뜨랄나　　뽀쉬따

- **통신**
  кореспонденция
  꼬레쓰뽄덴찌야

- **우체부**
  пощальон
  뽀쉬딸론

- **우체통**
  пощенска кутия
  뽀쉬뗀쓰까　　꾸띠야

- **속달 우편**
  бърза поща
  버르자　뽀쉬따

- **보통 우편**
  обикновена поща
  오비끄노베나　　뽀쉬따

- 항공우편
въздушна поща
버즈두쉬나　뽀쉬따

- 편지
писмо
삐쓰모

- 등기
препоръчано писмо
쁘레뽀러차노　삐쓰모

- 수취인 확인 우편
писмо с обратна разписка
삐쓰모　써 오브라뜨나　라쓰삐쓰까

- 축하 편지
поздравилно писмо
뽀즈드라비뗼노　삐쓰모

- 위로 편지
съболезновователно писмо
써볼레즈노바뗼노　삐쓰모

- 우편엽서
пощенска картичка
뽀쉬뗀쓰까　까르띠츠까

- 그림엽서
илюстрована пощенска картичка
일류쓰뜨로바나　뽀쉬뗀쓰까　까르티츠까

- 봉투
плик
쁠릭

- 우표
марка
마르까

- 발신인
  подател
  뽀다뗄

- 수취인
  получател
  뽈루차뗄

- 전보
  телеграма
  뗄레그라마

- 팩스
  факс
  팍쓰

- 소포
  колет
  꼴레뜨

- 우편요금
  пощенска такса
  뽀쉬뗀쓰까 딱싸

- 견본
  мостра без стойност
  모쓰뜨라 베쓰 쓰도이노쓰뜨

- 인쇄물
  печатни материали
  뻬차뜨니 마떼리알리

- 이메일
  електронна поща
  엘렉뜨론나 뽀쉬따

- 편지를 봉하다
  затварям писмо
  짜뜨바럄 삐쓰모

- 우표를 붙이다
залепвам марка
잘레쁘밤　　마르까

- 편지를 보내다
изпращам писмо
이쓰쁘라쉬땀　삐쓰모

- 팩스를 보내다
изпращам факс
이쓰쁘라쉬땀　팍쓰

▷ **기본 표현**

- 제일 가까운 우체국이 어디에 있습니까?
Къде е най-близката пощенска станция?
꺼데　에 나이 블리쓰까따　뽀쉬뗀쓰까　쓰딴치야

- 우체국이 몇 시에 문을 열어요?
От колко часа работи пощата?
오뜨 꼴꼬　차싸　라보띠　뽀쉬따따

- 우체국이 몇 시까지 일해요?
Кога затварят пощата?
꼬가　자뜨바럇　뽀쉬따다

- 근처에 우체통이 있습니까?
Има ли наблизо пощенска кутия?
이마 리 나블리조　뽀쉬뗀쓰까　꾸띠야

- 안내소가 어디에 있어요?
Къде е информацията?
꺼데　에 인포르마찌야따

- 우표를 어디에서 살 수 있어요?
Къде мога да купя марки?
꺼데　모가　다 꾸뺘　마르끼

15 전화

▶ 기본 어휘

- 전화
  телефон
  뗄레폰

- 집전화
  домашен телефон
  도마쉔　뗄레폰

- 휴대전화
  мобилен телефон
  모빌렌　뗄레폰

- 유심 카드
  сим карта
  씸　까르따

- 수화기
  телефонна слушалка
  뗄레폰나　쓸루샬까쌀

- 공중 전화
  обществен телефон
  옵쉬떼쓰뜨벤　뗄레폰

- 전화 부스
  телефонна кабина
  뗄레폰나　까비나

- 전화번호부
  телефонен указател
  뗄레포넨　우까자뗄

- 시내전화 통화
градски телефонен разговор
그랏쓰끼　　떼레포넨　　라즈고보르

- 시외전화 통화
междуградски телефонен разговор
메쥬두그랏쓰끼　　떼레포넨　　라즈고보르

- 국제전화 통화
международен телефонен разговор
메쥬두나로덴　　떼레포넨　　라즈고보르

- 통화 중
заето
자에또

- 전화번호 안내
телефонни услуги
떼레폰니　　우쓸루기

- 전화 카드
фонокарта
포노까르따

- 전화하다
телефонирам
떼레포니람

- 수화기를 들다
вдигам слушалката
브디감　　쓸루샬까따

- 전화를 걸다
набирам номер
나비람　　노메르

- 전화로 이야기하다
говоря по телефона
고보랴　　뽀　　떼레포나

- 전화를 끊다
  затварям телефона
  짜뜨바람　떼레포나

- 여보세요
  ало
  알로

- 여보세요
  моля
  몰랴

▷ 기본 표현

- 전화가 있습니까?
  Имате ли телефон?
  이마떼　리　뗄레폰

- 전화를 좀 써도 됩니까?
  Може ли да използвам телефона?
  모줴　리　다　이쓰뽈즈밤　뗄레포나

- 몇 번 거셨습니까?
  Кой номер търсите?
  꼬이　노메르　떠르씨떼

- 잘못 거셨습니다.
  Имате грешка.
  이마떼　그레쉬까

- 미안합니다. 전화가 끊겼습니다.
  Съжалявам, връзката прекъсна.
  써좌랴밤　브러쓰까따　쁘레꺼쓰나

- 혼선이 되었습니다.
  Има смущения в линията.
  이마　쓰무쉬떼니야　브리니야따

- 전화를 안 받습니다.
Не отговарят.
네　오뜨고바럇

- 내일 다시 전화하겠습니다.
Ще се обадя утре пак.
쉬떼 쎄 오바댜　우뜨레 빡

- 내일 제게 전화주세요.
Позвънете ми утре, ако обичате.
뽀즈버네또　　미 우뜨레　아꼬 오비차떼

- 전화가 울려요, 전화 받으세요.
Телефонът звъни, обадете се.
뗄레포넛　　　즈버니　오바데떼　쎄

- 누구세요?
Кой се обажда, моля?
꼬이 쎄 오바쥐다　몰랴

- 인수 좀 바꿔 주세요.
Искам да говоря с Инсу.
이쓰깜　다 고보랴　쓰 인수

- 김 선생님 좀 바꿔주세요.
Бихте ли ме свързали с г-н Ким?
비흐떼 리 메 쓰버르잘리　쓰 고쓰뽀딘 김

- 잠깐 끊지 말고 기다리세요.
Един момент, не затваряйте.
에딘　모멘뜨　　네 자뜨바랴이떼

- 전화 바꿨습니다.
На телефона е.
나 뗄레포나　　에

- 죄송하지만 그분은 집에 안 계세요.
Съжалявам, той не е вкъщи.
써좔랴밤　　　또이 네 에 프꺼쉬띠

• 전할 말씀 있으세요?
Нещо да му предам ли?
네쉬또　다　무　쁘레담　리

• 아니요, 괜찮습니다.
Не, благодаря.
네　블라고다랴

• 다시 전화하겠습니다.
Ще се обадя пак.
쉬떼　쎄　오바댜　빡

• 말 좀 전해주시겠습니까?
Бихте ли му предали нещо?
비흐떼　리　무　쁘레달리　네쉬또

• 저에게 전화하라고 전해 주시겠습니까?
Бихте ли му казали да ми се обади?
비흐떼　리　부　까잘리　다　미　쎄　오바디

• 죄송합니다. 전화가 고장입니다.
Съжалявам, телефонът е повреден.
써좔랴밤　뗄레포넛　에　뽀브레덴

• 여보세요? 인수야, 너니?
Ало. Инсу, ти ли си?
알로　인수　띠　리　씨

• 아니요, 인수 형입니다.
Не, обажда се братът на Инсу.
네　오바쥐다　쎄　브라떳　나　인수

• 그는 6시쯤 들어올 겁니다.
Той ще се върне около 6 часа.
또이　쉬떼　쎄　버르네　오꼴로　쉐쓰　차싸

• 서울까지 일 분에 전화 요금이 얼마예요?
Колко струва на минута до Сеул?
꼴꼬　쓰뜨루바　나　미누따　도　쎄울

- 몇 시부터 전화요금이 할인됩니까?
  От колко часа започва по-ниската тарифа?
  오뜨 꼴꼬　차싸　자뽀츠바　뽀 니쓰까따　따리파

- 서울의 지역번호가 무엇입니까?
  Какъв е кодът за Сеул?
  까꺼프　에 꼬덧　자 쎄울

- 전화 요금이 얼마입니까?
  Колко е таксата на телефона?
  꼴꼬　에 딱싸따　나 뗼레포나

16 교통 수단

▶ 기본 어휘

- **교통수단**
  транспортно средство
  뜨란쓰쁘르뜨노　쓰레뜨쓰뜨보

- **자전거**
  колело
  꼴렐로

- **오토바이**
  мотоциклет
  모또찌끌렛

- **택시**
  такси
  딱씨

- **버스**
  автобус
  아프또부쓰

- **지하철**
  метро
  메뜨로

- **기차, 열차**
  влак
  블락

- **배**
  кораб
  꼬랍

- 헬리콥터
хеликоптер
헬리꼽떼르

- 비행기
самолет
싸몰렛

16.1 택시

▷ 기본 어휘

- 택시
такси
딱씨

- 운전사
шофьор
쇼표르

- 택시 요금
такса за превоз
딱싸　　자　쁘레보쓰

- 요금 미터기
апарат за отчитане
마빠랏　　자　오뜨치따네

- 신호등
светофар
쓰베또파르

- 똑바로
направо
나쁘라보

- 오른쪽으로
надясно
나댜쓰노

- 왼쪽으로
  наляво
  나랴보

- 더 빨리
  по-бързо
  뽀　버르조

- 더 천천히
  по-бавно
  뽀　바브노

- 사거리
  кръстопът
  끄러쓰또뻐뜨

- 이 주소
  този адрес
  또지　아드레쓰

- 택시를 부르다
  поръчвам такси
  뽀러츠밤　　딱씨

- 택시를 세우다
  спирам такси
  쓰삐람　　딱씨

▷ **기본 표현**

- 어디에서 택시를 탈 수 있습니까?
  Къде мога да взема такси?
  꺼데　모가　다 브제마 딱씨

- 택시를 불러 주시겠습니까?
  Бихте ли ми повикали такси?
  비흐뗄　리 미 뽀비깔리　　딱씨

- 택시가 오 분 후에 도착할 겁니다.
Таксито ще пристигне след 5 минути.
딱씨또　　　쉬떼 쁘리쓰띠그네　쓸렛　뼷 미누띠

- 이 주소로 가 주세요.
Моля, закарайте ме на този адрес.
몰랴　　자까라이떼　메 나 또지　아드레쓰

- 이 주소를 찾을 수 있겠습니까?
Можете ли да намерите този адрес?
모줴떼　　리 다 나메리떼　　또지　아드레쓰

- 되도록 빨리 역으로 가 주세요.
Отведете ме на гарата, колкото може по-бързо.
오뜨베데떼　메 나 가라따　꼴꼬또　모줴 뽀 버르조

- 좌회전 해 주세요.
Завийте наляво, моля.
자비이떼　나랴보　몰랴

- 첫 번째 골목에서 우회전 해 주세요.
На първата пресечка завийте надясно, моля.
나 뻐르바따　쁘레쎄츠까　자비이떼　나야쓰노　몰랴

- 직진해 주세요.
Карайте направо, моля.
까라이떼　나쁘라보　몰랴

- 늦었습니다. 좀 더 빨리 가 주세요.
Закъснявам. Моля Ви, карайте по-бързо, ако
자꺼쓰냐밤　　　몰랴 비 자까라이떼 뽀 버르조　아꼬
можете.
모줴떼

- 좀 천천히 가 주세요.
Бихте ли карали по-бавно?
비흐떼 리 까랄리　뽀 바브노

• 여기에 세워 주세요
Моля, спрете тук.
몰랴　쓰쁘레떼 뚝

• 좀 기다려 주세요.
Можете ли да ме изчакате?
모줴떼　리 다 메 이쓰차까떼

• 얼마입니까?
Колко Ви дължа?
꼴꼬　비 덜좌

• 운전기사에게 팁을 줍니까?
Дава ли се бакшиш на шофьора?
다발 리 쎄 박쉬쉬　나 쇼표라

16.2　버스

▶ 기본 어휘

• 버스
автобус
아프또부쓰

• 버스 정류장
автобусна спирка
아프또부쓰나　쓰삐르까

• 표
билет
빌렛

• 시내버스
градски автобус
그랏쓰끼　아프또부쓰

- 시외버스
  междуградски автобус
  메쥬두그랏쓰기　　　아프또부쓰

- 버스 터미널
  автогара
  아프또가라

- 종점
  последна спирка
  뽀쓸레드나　　쓰삐르까

- 고속버스
  бърз междуградски автобус
  버르쓰　에쥬두그랏쓰끼　　　아프또부쓰

▷ 기본 표현

- 가장 가까운 버스 정류장이 어디에 있습니까?
  Къде е най-близката автобусна спирка?
  꺼데　에 나이 블리쓰까다　아프또부쓰나　쓰삐르까

- 어디에서 표를 살 수 있어요?
  Къде мога да си купя билет?
  꺼데　모가　다 씨 꾸뱌　빌렛

- 공항행 버스는 몇 번이에요?
  Кой автобус трябва да взема за летището?
  고이　아프또부쓰　뜨랴바　다 브제마　자 레띠쉬떼또

- 버스를 갈아타야 합니까?
  Трябва ли да сменям автобуса?
  뜨랴바　리 다 쓰메냠　마프또부싸

- 플로브디프행 버스는 언제 있어요?
  Кога ще има автобус за Пловдив?
  꼬가　쉬떼 이바　아프또부쓰　자 쁠로브디프

- 이 버스가 공항까지 갑니까?
  Този автобус отива ли до летището?
  또지　아프도부쓰　오띠바　리　도　레띠쉬떼또

- 다음 정거장에서 내리고 싶어요.
  Искам да сляза на следващата спирка.
  이쓰깜　다 쓸랴자 나 쓸레드바쉬따따　쓰삐르까

- 소피아대학교에 도착하면 좀 알려 주세요.
  Бихте ли ми казали, когато стигнем до Софийския
  비흐떼 리 미 까잘리　꼬가또　쓰띠그넴　도 쏘피이쓰끼야
  университет.
  우니베르씨뗏

- 다음 정거장이 어디예요?
  Коя е следващата спирка?
  꼬야　에 쓸레드바쉬따따　쓰비르까

16.3 열차

▷ 기본 어휘

- 기차, 열차
  влак
  블락

- 여객열차
  пътнически влак
  뻐뜨니체쓰끼　블락

- 화물열차
  товарен влак
  또바렌　블락

- 급행열차
  експресен влак
  엑쓰쁘레쎈　블락

- 객실
пътнически вагон
버뜨니체쓰끼　바곤

- 침대칸
спален вагон
쓰빨렌　바곤

- 식당칸
вагон-ресторант
바곤　레쓰또란뜨

- 화장실
тоалетна
또알레뜨나

- 안내
информация
인포르마찌야

- 대합실
чакалня
차깔냐

- 분실물 보관소
офис за изгубени вещи
오피쓰　자　이즈구베니　베쉬띠

- 시간표
разписание
라쓰삐싸니에

- 매표소
гише (за продажба на билет)
기쉐　(자　쁘로다쥬바　나　빌렛)

- 편도로
в едната посока
브 에드나따　뽀쏘까

- **왕복**
  отиване и връщане
  오띠바네　　이 브러쉬따네

- **좌석표**
  билет със запазено място
  빌렛　　써쓰　자빠제노　　먀쓰또

- **일등석**
  първокласен билет
  뻐르보끌라쎈　　　빌렛

- **이등석**
  второкласен билет
  프또로끌라쎈　　　빌렛

- **입석표**
  билет без запазено място
  빌렛　　베즈　자빠제노　　먀쓰또

- **금연석**
  място за непушачи
  먀쓰또　　자　네뿌샤치

- **흡연석**
  място за пушачи
  먀쓰또　　자 뿌샤치

- **검표원**
  кондуктор
  꼰둑또르

- **플랫폼**
  перон
  뻬론

- **역**
  гара
  가라

- 짐꾼
  носач
  노싸치

- 떠나다
  заминавам
  자미나밤

- 도착하다
  пристигам
  쁘리쓰띠감

- 표를 검사하다
  проверявам билети
  쁘로베랴밤　　　빌레띠

▷ **기본 표현**

- 안내소가 어디예요?
  Къде е информацията, моля?
  꺼데　에 인포르마찌야따,　　몰랴

- 매표소가 어디예요?
  Къде е гишето за билети?
  꺼데　에 기쉐또　자 빌레띠

- 열차 시간표가 어디 있어요?
  Къде е разписанието?
  꺼데　에 라쓰삐싸니에또

- 미안하지만 소피아 가는 열차가 몇 시에 있습니까?
  Извинете, в колко часа е влакът за София?
  이즈비네떼　브 꼴꼬　차싸　에 블라껏　자 쏘피야

- 소피아행 다음 열차는 몇 시에 있어요?
  В колко часа е следващият влак за София?
  브 꼴꼬　차싸　에 쓸레드바쉬띠얏　블락　자 쏘피야

- 소피아행 기차표 두 장 주세요.

  Два билета за София.

  드바 빌레따 자 쏘피야

- 창 쪽으로 두 장 주세요.

  Два билета до прозореца, моля.

  드바 빌레따 도 쁘로조레짜 몰랴

- 금연석 표 한 장 주세요.

  Един билет за непушачи, моля.

  에딘 빌렛 자 네뿌샤치 몰랴

- 왕복으로 한 장 주세요.

  Един билет отиване и връщане, моля.

  에딘 빌렛 오띠바네 이 브러쉬따네 몰랴

- 소피아까지 요금이 얼마예요?

  Колко струва билетът до София?

  꼴꼬 쓰뜨루바 빌레뗏 도 쏘피야

- 아이들은 반액만 냅니까?

  Децата с половин билет ли пътуват?

  데짜다 쓰 뽈로빈 빌렛 리 뻐뚜밧

- 열두 살까지는 반액만 냅니다.

  До 12 годишна възраст пътуват с половин билет.

  도 드바나이쎗 고디쉬나 버즈라쓰뜨 뻐뚜밧 쓰 뽈로빈 빌렛

- 미안하지만 표가 없습니다.

  Съжалявам, билетите свършиха.

  써좔랴밤 빌레띠떼 쓰버르쉬하

- 빈자리가 있습니까?

  Имате ли свободни места?

  이마떼 리 쓰보보드니 메쓰따

- 만석입니다.

  Всички места са заети.

  프씨츠끼 메쓰따 싸 자에띠

- 여기 빈자리입니까?
Това място свободно ли е?
또바　마쓰또　쓰보보드노　리 에

- 여기가 제 자리예요.
Мисля, че това е моето място.
미쓸랴　체 또바　에모에또　먀쓰또

- 역에서 얼마 동안 정차해요?
Какъв престой има влакът?
까꺼프　쁘레쓰또이　이마　블라껏

- 여기가 무슨 역이에요?
На коя гара сме сега?
나 꼬야 가라　쓰메 쎄가

- 이 열차 소피아행입니까?
Това ли е влакът за София?
또바　리 에블라껏　자 쏘피야

- 소피아에서 오는 열차가 몇 시에 도착해요?
В колко часа пристига влакът от София?
브 꼴고　차싸　쁘리쓰띠가　블라껏　오뜨 쏘피야

- 열차가 정시에 도착합니까?
Влакът по разписание ли ще пристигне?
블라껏　뽀 라쓰삐싸니에　리 쉐 쁘리쓰띠그네

- 열차가 지연되고 있어요?
Със закъснение ли се движи влакът?
써쓰　자꺼쓰네니더　리 쎄 드비쥐　블라껏

- 소피아행 기차는 10분 지연될 예정입니다.
Влакът за София има 10 минути закъснение.
블라껏　자 쏘피야　이마　데쎗 미누띠　자꺼쓰네니에

- 이것은 직행입니까?
Това директен влак ли е?
또바　디렉뗀　블락 리 에

• 기차를 놓쳤어요.
Изпуснах влака.
이쓰뿌쓰나흐   블라까

• 기차를 바꿔 타야 합니까?
Трябва ли да се прехвърлям на друг влак?
뜨럅바   리 다 쎄 쁘레흐버를람   나 드룩 블락

• 휴일에는 기차가 만원입니다.
Влаковете са пълни през почивните дни.
블라꼬베떼   싸 뻴니   쁘레쓰 뽀치브니떼   드니

• 열차를 잘못 탔습니다.
Сбъркал съм влака.
즈버르깔   썸   블라까

• 식당칸이 어디 있어요?
Къде е вагон-ресторантът?
꺼데   에 바곤   레쓰또란떳

• 소피아행 열차는 어느 홈에서 출발해요?
От кой перон тръгва влакът за София?
오뜨 꼬이   뻬론   뜨러그바 블라껏   자 쏘피야

• 7번 홈은 어디예요?
Къде се намира седми перон?
꺼데   쎄 나비라   쎄드미   뻬론

• 소피아행 열차는 이분 후에 1번 홈에서 출발해요.
Влакът за София тръгва от първи перон след 2
블라껏   자 쏘피야   뜨러그바 오뜨 뻐르비   뻬론   쓸렛 드베
минути.
미누띠

• 침대칸은 어디예요?
Кой е спалният вагон?
꼬이   에 쓰빨니얏   바곤

- 이 짐을 열차 안으로 운반해 주세요.
  Моля Ви, занесете багажа във влака.
  몰야　　비　자네쎄데　　바가좌　　버프 블라까

- 짐을 잃어버렸어요.
  Загубих багажа.
  자구비흐　　바가좌

- 분실물 보관소가 어디예요?
  Къде е офисът за изгубени вещи?
  꺼데　　에 오피썻　　자 이즈구베니　　베쉬띠

- 이건 아주 중요해요.
  Това е много важно.
  또바　　에 므노고　　바쥐노

16.4 지하철

▷ 기본 어휘

- 지하철
  метро
  메뜨로

- 입구
  вход
  브홋

- 출구
  изход
  이쓰홋

- 지하철 역
  метро станция
  메뜨로　　쓰딴찌야

- 가장 가까운 지하철 역이 어디예요?
  Къде е най-близката станция на метрото?
  께데　에나이 블리쓰까따　쓰탄지야　나 메뜨로또

- 입구가 저기예요.
  Входът е там.
  브호덧　에 땀

- 지하철 표 한 장 주세요.
  Един билет за метрото, моля.
  에딘　빌렛　자 메뜨로도　몰랴

- 소피아대학교로 가는 것이 맞아요?
  В правилна посока ли се движа за Софийския
  브 쁘라빌나　뽀쏘까　리 쎄 드비좌　자 쏘피이쓰끼야
  университет?
  우니베르씨떼뜨

- 소피아대학교로 가려면 몇 호선을 타야 해요?
  Коя линия да взема за Софийския университет?
  꼬야 리니야　다 브제마 자 쏘피이쓰끼야　우니베르씨떼뜨

- 지하철을 갈아타야 합니까?
  Трябва ли да сменям влаковете?
  뜨럅바　리 다 쓰메냠　블라꼬베떼

- ...에서 지하철을 갈아타야 합니다.
  Трябва да смените влака на ....
  뜨라바　다 쓰메니떼　블라까 나

- 다음 역에서 내리실 겁니까?
  Слизате ли на следващата станция?
  쓸리자떼　리 나 쓸레드바쉬따따　쓰딴찌야

- 지나가게 좀 비켜 주세요.
  Моля, бихте ли се отместили, за да мина.
  몰랴　비흐떼 리 쎄 오뜨메쓰띨리　자 다 미나

• 지하철이 몇 시까지 운행합니까?

До колко часа работи метрото?
도 꼴꼬　　차싸　라보띠　　메뜨로또

16.5 비행기

▶ **기본 어휘**

• 비행기

самолет
싸몰렛

• 공항

летище
레띠쉬떼

• 조종사

пилот
삘롯

• 승무원 전원

екипаж
에끼빠쉬

• 남자 승무원

стюард
쓰뜌아르뜨

• 여자 승무원

стюардеса
쓰뜌아르데싸

• 직항

директен полет
디렉뗀 뽈렛

• 낙하산

парашут
빠라슛

- 승객
  пътник
  뻐뜨닉

- 비상구
  авариен изход
  아바리엔 이쓰홋

- 국내선
  вътрешна(въздушна) линия
  버뜨레쉬나 (버즈두쉬나) 리니야

- 국제선
  международна(въздушна) линия
  메쥬두나로드나 (버즈두쉬나) 리니야

- 비행기 표
  самолетен билет
  싸몰레뗀 빌렛

- 창가 쪽 자리
  място до прозореца
  먀쓰또 도 쁘로조레짜

- 금연석
  място за непушачи
  먀쓰도 자 네뿌샤치

- 흡연 금지
  пушенето забранено
  뿌쉐네도 자브라네노

- 이륙
  излитане
  이즐리따네

- 착륙
  кацане
  까짜네

- 비상 착륙
  принудително кацане
  쁘리누디뗄노　　　까짜네

- 날다
  летя
  레땨

- 비행 시간
  времетраене на полета
  브레메뜨라에네　　　나 뽈레따

- 비행 속도
  скорост на полета
  쓰꼬로쓰뜨　　나　뽈레따

- 고도
  височина
  비쏘치나

▷ 기본 표현

- 소피아까지 가는 비행기 표를 예매할 수 있을까요?
  Мога ли да направя резервация за полета за София?
  모가　리　다 나쁘라뱌　레제르바찌야　　자 뽈레따　　자 쏘피야

- 예약을 확인해야 합니까?
  Трябва ли да потвърдя резервацията си?
  뜨럅바　리　다 뽀뜨버르댜　레제르바찌야따　　씨

- 서울까지 직항이 있어요?
  Има ли директен полет за Сеул?
  이마　리 디렉뗀　　뽈렛　자 쎄울

- 제게 항공사를 추천해 주세요.
  Коя авиокомпания ще ми препоръчате?
  꼬야 아비오꼼빠니야　　쉬떼 미　쁘레뽀러차떼

• 표가 얼마예요?
Каква е цената на билета?
까끄바 에 쩨나따   나 빌레따

• 짐을 얼마만큼 가져갈 수 있어요?
Колко багаж е разрешено да се носи?
꼴꼬   바가쉬   에 라즈레쉐노   다 쎄 노씨

• 짐을 몇 킬로 가지고 갈 수 있나요?
Колко килограма багаж е разрешено да се носи?
꼴꼬   낄로그라마   바갓쉬 에 라즈레쉐노   다 쎄 노씨

• 수화물 초과요금을 내야 합니다.
Трябва да платите за свръх багаж.
뜨랍바   다 쁠라띠떼   자 쓰브러흐 바가쉬

• 비행기가 몇 시에 이륙합니까?
В колко часа излита самолетът?
브 꼴꼴   차사   이즐리따   싸몰레떳

• 몇 시에 소피아에 착륙하지요?
В колко часа ще кацнем в София?
브 꼴꼬   차사   쉬떼 까쯔넴   브 쏘피야

• 비행 시간이 어떻게 돼요?
Каква е продължителността на полета?
빠끄바   에 쁘로덜쥐뗄노쓰따   나 뽈레따

• 짐칸에 이 가방을 넣을 수 있어요?
Мога ли да оставя куфара си на гардероб?
모가   리 다 오쓰따뱌 꾸파라   씨 나 가르데롭

• 이렇게 많은 짐을 기내에 들고 오는 것은 금지되어 있습니다.
Не е разрешено да носите толкова много ръчен
네 에 라즈레쉐노   다 노시떼   똘꼬바   브노고   러첸
багаж.
바가쉬

- 안전 벨트를 매십시오.
  Моля, закопчайте коланите.
  몰랴   자꼽차이떼   꼴라니떼

- 이륙하기 전에 휴대전화를 꺼 주세요.
  Изключете мобилния си телефон преди
  이쓰끌류체떼   모빌니야   씨 뗄레폰   쁘레디
  излитането на самолета.
  이즐리따네또   나   싸몰레따

- 물 좀 주세요.
  Бих искал малко вода, моля.
  비흐 이쓰깔   말꼬   보다   몰랴

16.6 배

▷ 기본 어휘

- 배
  кораб
  꼬랍

- 화물선
  търговски [товарен] кораб
  떠르꼽쓰끼   [또바렌]   꼬랍

- 여객선
  пътнически кораб
  뻐뜨니체쓰끼   꼬랍

- 뱃머리
  нос на кораб
  노쓰 나 꼬랍

- 갑판
  палуба
  빨루바

- 항구
  пристанище
  쁘리쓰따니쉬떼

- 부두
  кей
  께이

- 방파제
  вълнолом
  벌노롬

- 보트
  лодка
  로뜨까

- 구조선
  спасителна лодка
  쓰빠씨뗄나   로뜨까

- 구명대
  спасителен пояс
  쓰빠씨뗄나   뽀야쓰

- 바다
  море
  모레

- 강
  река
  레까

- 섬
  остров
  오쓰뜨로프

- 썰물
  отлив
  오뜰리프

- 밀물
прилив
쁘릴리프

- 닻
котва
꼬뜨바

- 선원
моряк
모략

- 선장
капитан
까삐딴

- 배를 타다
качвам се на кораба
까츠밤　쎄 나 꼬라바

- 닻을 내리다
пускам котва
뿌쓰깜　꼬뜨바

- 정박하다
стоя на котва
쓰또야 나 꼬뜨바

▷ 기본 표현

- 이스탄불로 가는 배가 언제 있어요?
Кога има кораб за Истанбул?
꼬가　이마 꼬랍　자 이쓰딴불

- 이스탄불로 가는 배가 언제 출발해요?
Кога отплава корабът за Истанбул?
꼬가　어뜨쁠라바 고라벗　자 이쓰딴불

• 항해 시간이 어떻게 돼요?
Колко време трае пътуването?
꼴꼬   브레메   뜨라에   뻐뚜바네또

• 하루 만에 갔다가 돌아올 수 있어요?
Мога ли да отида и да се върна за един ден?
모가   리 다 오띠다 이 다 쎄 버르나 자 에딘   덴

• 어느 항구에 입항하지요?
На кое пристанище ще спрем?
나 꼬에 쁘리쓰따니쉬떼   쉬떼 쓰쁘렘

• 속이 안 좋아요?
Лошо ли ви е?
로쇼   리 비 에

• 뱃멀미를 해요.
Страдам от морска болест.
쓰뜨라담   오뜨 모르쓰까   볼레쓰뜨

• 멀미약이 있어요?
Имате ли лекарства против морска болест?
아마떼   리 레까르쓰뜨바   쁘로띠프   모르쓰까   볼레쓰뜨

• 잠시 누워 있는 것이 좋겠어요.
Добре би било да полегнете за малко.
도브레   비 빌로   다 뽈레그네떼   자 말꼬

• 갑판에 올라갑시다.
Да се качим на палубата.
다 쎄 까침   나 빨루바따

• 어떻게 갑판에 올라갈 수 있습니까?
Как мога да се кача на палубата?
깍 모가   다 쎄 까차 나 빨루바따

• 안개가 껴요.
Пада мъгла.
빠다   머글라

• 앞이 잘 안 보여요.
Има лоша видимост.
이마　로샤　　비디모쓰뜨

• 곧 육지가 보일 겁니다.
Скоро ще видим суша.
쓰꼬로　　쉬떼 비딤　　쑤샤

• 힘든 여행이었어요.
Пътуването ни беше тежко.
뻐뚜바네또　　니 베쉐　떼쉬꼬

 **17 집**

▶ 기본 어휘

- 집
  къща
  꺼쉬따

- 아파트
  апартамент
  마빠르따멘뜨

- 세
  наем
  나엠

- 월세 계약서
  договор за наем
  도고보르 자 나엠

- 가구 딸린 아파트
  обзаведен апартамент
  옵자베덴　아빠르따멘뜨

- 가구 없는 아파트
  необзаведен апартамент
  네옵자베덴　아빠르따멘뜨

- 보증금
  депозит
  데뽀짓

- 집주인 (남자)
  хазаин
  하자인

• 집주인 (여자)
хазайка
하자이까

• 수위
портиер
뽀르띠에르

• 침실
спалня
쓰빨냐

• 거실
хол
홀

• 방
стая
쓰따야

• 서재
кабинет
까비넷

• 식당
трапезария
뜨라뻬자리야

• 부엌
кухня
꾸흐냐

• 목욕탕
баня
바냐

• 다락방
таванска стая
따반쓰까　　쓰따야

- 지하실
  мазе
  마제

- 가스레인지
  газова готварска печка
  가조바　고뜨바르쓰까　뻬츠까

- 오븐
  фурна
  푸르나

- 전자레인지
  микровълнова фурна
  미끄로벌노바　푸르나

- 냉장고
  хладилник
  흘라딜닉

- 냉동고
  фризер
  프리제르

- 에어컨
  климатична инсталация
  끌리마띠츠나　인쓰딸라찌야

- 세탁기
  пералня
  뻬랄냐

- 의자
  стол
  쓰똘

- 안락의자
  фотьойл
  포뚀일

- 소파
  канапе
  까나뻬

- 가구
  мебели
  메벨리

- 쓰레기통
  кофа за боклук
  꼬파   자 보끌룩

- 카펫
  килим
  낄림

- 커튼
  завеса, перде
  자베싸,   뻬르데

- 벽난로
  открита камина
  오뜨끄리따   까미나

- 기름난로
  нафтова печка
  나프또바   삐츠까

- 기름보일러
  нафтов бойлер
  나프도프   보일레르

- 전기난로
  електрическа печка
  엘렉뜨리체쓰까   삐츠까

- 세를 놓다
  дава се под наем
  다바 쎄 보뜨 나엠

- 음식을 만들다
  готвя
  고뜨뱌

- 청소하다
  чистя
  치쓰땨

- 청소기로 청소하다
  чистя с прахосмукачка
  치쓰땨　쓰 쁘라호쓰무까츠까

- 빨래하다
  пера
  뻬라

- 설거지하다
  мия съдове
  미야　써도베

- 쓸다
  мета
  메따

- 먼지를 털다
  чистя прах
  치쓰탸　쁘라흐

- 환기시키다
  проветрявам
  쁘로베뜨랴밤

▷ 기본 표현

- 어디에 사세요?
  Къде живеете?
  꺼데　쥐베에떼

• 아파트에 살아요.
Живея в апартамент.
쥐베야   브 아빠르따멘뜨

• 주택에 살아요.
Живея в къща.
쥐베야   브 꺼쉬따

• 세를 살아요.
Живея на квартира.
쥐베야   나 끄바르띠라

• 셋방을 찾아요.
Търся квартира.
떠르쌰   끄바르띠라

• 세를 놓습니까?
Давате ли стая под наем?
다바떼   리 쓰따야 보뜨 나엠

• 세를 놓는 아파트가 많습니까?
Има ли много апартаменти, които се дават под
이마 리 므노고   아빠르따멘띠   꼬이또   쎄 다밧   뽀뜨
наем?
나엠

• 돈이 있으면 집을 구하기가 쉬워요.
Ако имаш пари, лесно можеш да си намериш
아꼬 이마쉬 빠리   레쓰노   모줴쉬   다 씨 나메리쉬
жилище.
쥐리쉬떼

• 부동산 소개소가 어디 있어요?
Къде се намира агенцията за недвижими имоти?
께데   쎄 나미라   아겐찌야따   자 네드비쥐미   이모띠

• 주택보다 아파트가 좋아요.
Предпочитам апартамент пред къща.
쁘레드뽀치땀   아빠르따멘뜨   쁘레드 꺼쉬따

• 언제 세를 내야 해요?
Кога трябва да платя наема?
꼬가 뜨럅바 다 쁠라땨 나에마

• 월세가 얼마예요?
Какъв е наемът за един месец?
까꺼프 에 나에멋 자 에딘 메쎄쯔

• 선불이에요?
Предварително ли да ви платя?
쁘레드바리뗄노 리 다 비 쁠라땨

• 언제 이사 올 수 있어요?
Кога мога да се нанеса?
고가 모가 다 쎄 나네싸

• 아파트에 방이 몇 개 있어요?
Колко стаи има апартаментът?
꼴꼬 쓰타이 이마 아빠르따멘떳

• 좋아요, 이것을 임대하겠어요.
Добре. Ще го наема.
도브레 쉬떼 고 나에마

• 몇 층에 살아요?
На кой етаж живеете?
나 꼬이 에따쉬 쥐베에떼

• 육 층에 살아요
Ние живеем на шестия етаж.
니에 쥐베엠 나 쉐쓰띠야 에따쉬

• 방금 이사 왔어요.
Току-що се нанесохме.
또꾸 쉬또 쎄 나네소흐메

• 언제 이사를 나갑니까?
Кога ще се изнесете?
꼬가 쉬떼 쎄 이즈네쎄떼

• 보증금을 달라고 합니다.
Те искат депозит.
떼 이쓰깟 떼뽀짓

• 다음 달부터 세가 오릅니다.
Следващия месец ще повишат наемите.
쓸레드바쉬띠야 메쎄쯔 쉬떼 뽀비샷 나에미떼

• 이렇게 비싼 아파트를 얻을 여유가 없어요.
Не мога да си позволя да наема толкова скъп
네 모가 다 씨 보즈볼랴 다 나에마 똘고바 쓰껍
апартамент.
아빠르따멘뜨

• 시내 가까이에서 살아요?
Близо до центъра ли живееш?
블리조 도 쩬터라 리 쥐에에쉬

• 집 근처에 버스 정류장이 있어요?
Има ли автобусна спирка до вас?
이마 리 아프또부쓰나 쓰삐르까 도 바쓰

• 교통이 편리해요?
Има ли удобен транспорт?
이마 리 우도벤 뜨란쓰뽀르뜨

• 근처에 시장이 있어요?
Има ли наблизо пазар?
이마 리 나블리조 빠자르

• 언제 임대 계약을 맺을 수 있어요?
Кога можем да подпишем договора за наема?
꼬가 모쥄 다 뽀뜨삐쉠 도고보라 자 나엠

• 전망 좋은 아파트를 원해요.
Искам апартамент с хубав изглед.
이쓰감 아빠르따멘뜨 쓰 후바프 이즈글렛

• 가구 딸린 아파트를 찾을 수 있을까요?

Може ли да намеря обзаведен апартамент?
모줴 리 다 나메랴 옵자베덴 아빠르따멘뜨

18 호텔

▷ **기본 어휘**

- **호텔**
  хотел
  호뗄

- **모텔**
  мотел
  모뗄

- **예약**
  резервация
  레제르바찌야

- **접수처, 프런트**
  регистрация
  레기쓰뜨라찌야

- **로비**
  фоайе
  포아이에

- **매니저**
  управител
  우쁘라비뗄

- **행정원**
  администратор
  아드미니쓰뜨라또르

- **포터**
  носач
  노싸치

- 일인실
  стая с едно легло
  쓰따야 쓰 에드노   레글로

- 이인실
  стая с две легла
  쓰다야 쓰 드베 레글라

- 욕실 딸린 방
  стая с баня
  쓰다야 쓰 바냐

- 전망 좋은 방
  стая с хубав изглед
  쓰다야 쓰 후바프   이즈글렛

- 벨보이
  пиколо
  삐꼴로

- 룸 메이드
  камериерка
  까메리에르까

- 전화 교환원
  телефонен оператор
  뗄레포넨   오뻬라또르

- 손님
  гост, посетител
  고쓰뜨, 뽀쎄띠뗄

- 승강기, 엘리베이터
  асансьор
  아싼쑈르

- 계단
  стълбище
  쓰떨비쉬떼

- 비상계단
аварийно стълбище
아바리이노　　쓰떨비쉬떼

- 이불
завивки
자비프끼

- 담요
одеяло
오데얄로

- 홑이불
чаршаф
차르샤프

- 베개
възглавница
버즈글라브니짜

- 열쇠
ключ
끌류치

- 에어컨
климатична инсталация
끌리마티츠나　　인쓰딸라찌야

- 환풍기
вентилатор
벤띨라또르

- 전등
лампа
람빠

- 창문
прозорец
쁘로조레쯔

- 블라인드
  щори
  쉬또리

- 난방
  отопление
  오또쁠레니에

- 라디오
  радио
  라디오

- 전화
  телефон
  뗄레폰

- 텔레비전
  телевизор
  뗄레비조르

- 화장실
  тоалетна
  또알레뜨나

- 욕실
  баня
  바냐

- 샤워기
  душ
  두쉬

- 온수
  топла вода
  또쁠라   보다

- 찬물
  студена вода
  쓰뚜데나   보다

- 수도꼭지
кран
끄란

- 세면대
мивка
미프까

- 큰 수건
хавлиена кърпа
하블리에나　꺼르빠

- 비누
сапун
싸뿐

- 치약
паста за зъби
빠쓰따　자　저비

- 칫솔
четка за зъби
체뜨까　자　저비

- 면도기
бръснач
브러쓰나치

- 전기면도기
електрическа самобръсначка
엘렉뜨리체쓰까　　싸모브러쓰나츠까

- 드라이기
сешоар
쎄쑈아르

- 미장원
фризьорски салон
프리조르쓰끼　　쌀론

• 이발소
бръснарски салон
브러쓰나르쓰끼　　쌀론

• 세탁기
пералня
뻬랄냐

• 드라이클리닝
химическо чистене
히미체쓰꼬　　치쓰떼네

▷ 기본 표현

• 빈 방이 없다.
Няма свободни стаи.
냐마　　쓰보보드니　　쓰따이

• 싸고 좋은 호텔을 추천해 주세요.
Можете ли да ми препоръчате някой хубав, но не
모줴떼　　리 다 미 쁘레뽀러차떼　　냐꼬이 후바프　노 네
много скъп хотел?
므노고　　쓰껍　호뗄

• 이인실을 주세요.
Искам двойна стая.
이쓰깜　　드보이나　　쓰따야

• 어린이는 할인이 됩니까?
Има ли намаление за децата?
이마 리 나말레니에　　자 데짜따

• 너무 비싸요.
Много е скъпо.
므노고　　에 쓰꺼뽀

• 더 싼 호텔이 있어요?
Няма ли по-евтин хотел?
냐마   리 뽀 에프띤 호뗄

• 더 싼 방이 있어요?
Имате ли по-евтина стая?
이마떼   리 뽀 에프띠나   쓰따야

• 며칠 숙박하시겠습니까?
Колко дена ще останете?
꼴꼬   데나   쉬떼 오쓰따네떼

• 하룻밤 묵겠습니다.
Ще остана една нощ.
쉬떼 오쓰따나   에드나 노쉬

• 이틀만 있겠습니다.
Ще остана само два дни.
쉬떼 오쓰따나   싸모   드바 드니

• 각 층마다 욕실이 있습니다.
Има баня на всеки етаж.
이마   바냐   나 쁘쎄끼   에따쉬

• 8월 십일에 방하나 예약 가능할까요?
Мога ли да резервирам стая за 10 август?
모가   리 다 레제르비람   쓰따야 자 데쎄띠 아브구쓰뜨

• 구월 십오일까지 방이 모두 예약되었습니다.
Всичко е резервирано до 15 септември.
프씨츠고   에 레제르비라노   도   뼷나이쎄띠 쎕뗌브리

• 더블룸을 예약했어요.
Запазих стая с две легла.
자빠지흐   쓰따야 쓰 드베 레글라

• 우선 프런트에서 접수를 하셔야 합니다.
Първо трябва да се регистрирате на рецепцията.
뻐르보   쁘럅바   다 쎄 레기쓰뜨리라떼   나 레쩹찌야따

- 하룻밤에 얼마예요?

  Каква е цената на една нощувка?

  빠끄바　에 쩨나따　　나 에드나 노쉬뚜프까

- 선불입니까?

  Трябва ли да предплатя?

  뜨럅바　　리 다 쁘레드쁠라땨

- 방 좀 보여주시겠어요?

  Бихте ли ми показали стаята?

  비흐떼　리 미 뽀까잘리　　쓰따야따

- 방이 몇 층에 있어요?

  На кой етаж е стаята?

  나 꼬이　에따쉬 에 쓰따야따

- 식당은 어디에 있어요?

  Къде е ресторантът?

  께데　　에 레쓰또란떳

- 카메라를 금고에 맡기고 싶습니다.

  Искам да оставя камерата си в сейф.

  이쓰깜　　다 오쓰따뱌 까메라따　　씨 브 쎄이프

- 매니저와 이야기를 하고 싶습니다.

  Искам да говоря с управителя.

  이쓰깜　　다 고보랴　　쓰 우쁘라비뗄랴

- 제게 메모 남겨진 것 있습니까?

  Има ли някакви съобщения за мен?

  이마　리 냐까끄비　　써옵쉬떼니야　　자 멘

- 저에게 전화 온 것 있습니까?

  Някой търсил ли ме е по телефона?

  냐꼬이　　떠르씰　　리 메 에 뽀 뗄레포나

- 누굴 기다리고 있어요.

  Очаквам някого.

  오차끄밤　　　냐꼬고

• 누가 절 찾으면 기다리라고 해 주세요.
Ако някой ме потърси, кажете му да ме почака.
아꼬 냐꼬이 메 뽀더르씨 까줴떼 무 다 메 뽀차까

• 누가 저를 찾으면 여섯 시에 온다고 전해 주세요.
Ако някой ме потърси, предайте му, че ще се върна
아꼬 냐꼬이 메 뽀떠르씨 쁘레다이떼 무 체 쉬떼 쎄 버르나
в шест часа.
브 쉐쓰 차사

• 누가 절 찾았습니까?
Търсил ли ме е някой?
떠르씰 리 메 에 냐꼬이

• 여섯 시에 깨워 주세요.
Моля да ме събудите в 6 часа.
몰랴 다 메 써부디떼 브 쉐쓰 차싸

• 몇 시까지 방을 비워야 합니까?
До колко часа трябва да освободя стаята?
도 꼴꼬 차싸 뜨럅바 다 오쓰보보댜 쓰따야따

• 12시까지 체크아웃 해야 합니다.
Времето за напускане е до 12 часа.
브레메또 자 나뿌쓰까네 에 도 드바나이쎗 차싸

• 계산서를 준비해 주세요.
Моля, пригответе сметката ми.
몰랴 쁘리고뜨베떼 쓰메뜨까따 미

• 계산하고 싶어요.
Искам да платя сметката си.
이쓰깜 다 쁠라땨 쓰메뜨까다 씨

• 제 가방을 내려 주세요.
Моля, свалете багажа ми.
몰랴 쓰발레떼 바가좌 미

• 공항까지 택시를 불러 주실수 있습니까?
Бихте ли ми поръчали такси за аерогарата?
비흐떼 리 미 보러차리 딱씨 자 아에로가라따

• 택시가 기다리고 있습니다.
Таксито ви чака.
딱씨도 비 차까

• 아주 즐거웠어요.
Много ми беше приятно.
므노고 미 베쉐 쁘리야뜨노

• 다음에 또 오겠습니다.
Друг път пак ще дойда.
드룩 뻣 빡 쉐떼 도이다

• 제가 썼던 방을 오늘 하루 더 주실 수 있습니까?
Можете ли да ми дадете същата стая за тази нощ?
모줴떼 리 다 미 다데떼 써쉬따따 쓰따야 자 따지 노쉬

• 방해하지 마세요.
Не ме безпокойте.
네 메 베쓰뽀꼬이떼

• 아침식사를 방으로 가져다 주실 수 있습니까?
Може ли да ми сервирате закуската в стаята?
모줴 리 다 미 쎄르비라떼 자꾸쓰까따 브 쓰따야따

• 이 방은 너무 작아요, 방을 좀 바꿔 주세요.
Искам да сменя стаята си. Тази е много малка.
이쓰깜 다 쓰메냐 쓰따야따 씨 따지 에 므노고 말까

• 이 방은 너무 시끄러워요.
Тази стая е много шумна.
따지 쓰다야 에 므노고 슘나

• 다른 방으로 바꿔주세요.
Искам да сменя стаята си.
이쓰깜 다 쓰메냐 쓰따야따 씨

• 열쇠를 잃어 버렸어요.
Загубих ключа.
자구비흐　끌류차

• 열쇠를 방에 놓고 문을 잠갔어요.
Оставих ключа в стаята си и се заключих отвън.
오쓰따비흐　끌류차　브 쓰타야따 씨 이 쎄 자끌류치흐　옷번

• 이불 하나 더 주실 수 있어요?
Може ли да ми дадете още едно одеяло?
모줴　리 다 미 다데떼　오쉬데 에드노 오데얄로

• 면도기용 콘센트가 어디에 있어요?
Къде е контактът за самобръсначката?
꺼데　에 꼰딱떳　자 싸모브러쓰나츠까따

• 콘센트가 몇 볼트예요?
Колко волта е контактът?
꼴꼬　볼따　에 꼰딱떳

• 고쳐줄 수 있어요?
Може ли да го поправите?
모줴　리 다 고 뽀쁘라비떼

• 바꿔줄 수 있어요?
Може ли да го смените?
모줴　리 다 고 쓰메니떼

• 세면대가 막혔어요.
Мивката е запушена.
미프까다　에 자뿌쉐나

• 온수가 안 나와요.
Няма топла вода.
냐마　또쁠라　보다

• 창문이 열리지 않아요.
Не се отваря прозорецът.
네 쎄 오뜨바랴　쁘로조레쩟

• 블라인드가 안 올려집니다.
Щорите не могат да се вдигнат.
쉬또리떼　　　네 모갓　　　다 쎄 쁘디그낫

• 텔레비전이 고장났어요.
Телевизорът е развален.
뗄레비조럿　　　　에 라즈발렌

• 전화기가 고장났어요.
Телефонът не работи.
델레포넛　　　　네 라보띠

• 비누가 필요합니다.
Имам нужда от сапун.
이마　　누쥬다　옷 싸뿐

• 구두를 닦아 주시겠습니까?
Може ли да ми лъснете обувките?
모줴　　리 다 미 러쓰네떼　　오브프끼떼

• 이 옷들을 세탁해 줄 수 있어요?
Може ли тези дрехи да бъдат изпрани?
모줴　　리 떼지 드레히　다 버덧　　이즈쁘라니

• 이 옷을 다려 줄 수 있어요?
Може ли да изгладите този костюм?
모줴　　리 다 이즈글라디떼　　또지　꼬쓰뚐

• 어디에서 옷을 다릴 수 있어요?
Къде мога да изгладя дрехите си?
꺼데　모가　다 이즈글라댜 드레히떼　　씨

• 세탁물을 받을 수 있어요?
Мога ли да получа прането си?
모가　리 다 뽈루차　　쁘라네또　씨

▷ 기본 어휘

• 식당
ресторант
레쓰또란뜨

• 한식집
корейски ресторант
꼬레이쓰끼 레쓰또란뜨

• 중국 식당
китайски ресторант
끼따이쓰끼 레쓰또란뜨

• 불가리아 식당
български ресторант
벌가르쓰끼 레쓰또란뜨

• 횟집
ресторант за сурова риба
레쓰또란뜨 자 쑤로바 리바

• 남자 종업원, 웨이터
сервитьор, келнер
쎄르비쬬르, 껠네르

• 여자 종업원
сервитьорка, келнерка
쎄르비쬬르까, 껠네르까

• 바텐더
барман
바르만

- 메뉴
меню
메뉴

- 고기
месо
메쏘

- 닭고기
пилешко месо
삘레쉬꼬　　메쏘

- 양고기
агнешко месо
아그네쉬꼬　　메쏘

- 돼지고기
свинско месо
쓰빈쓰꼬　　메쏘

- 소고기
телешко месо
뗄레쉬꼬　　메쏘

- 생선
риба
리바

- 수프, 국
супа
쑤빠

- 닭고기 수프
пилешка супа
삘레쉬까　　쑤빠

- 야채 수프
зеленчукова супа
젤렌추꼬바　　　쑤빠

- 생선 수프
рибена супа
리베나　　쑤빠

- 밥
варен ориз
바렌　　오리쓰

- 조미료
подправка
뽀뜨쁘라프까

- 소금
сол
쏠

- 설탕
захар
자하르

- 후춧가루
черен пипер
체렌　　삐뻬르

- 고춧가루
червен пипер
체르벤　　삐뻬르

- 식용유
олио
올리오

- 케첩
кетчуп
껫춥

- 레몬
лимон
리몬

- 겨자
  горчица
  고르치짜

- 식초
  оцет
  오쩻

- 냅킨
  салфетка
  쌀페뜨까

- 이쑤시개
  клечка за зъби
  끌레츠까   자 저비

- 식탁보
  покривка за маса
  보끄리프까   자 마싸

- 아침식사
  закуска
  자꾸쓰까

- 계란 프라이
  яйца на очи
  야이짜 나 오치

- 삶은 계란
  варено яйце
  바레노   야이쩨

- 콘프레이크와 우유
  овесени ядки с мляко
  오베쎄니   야뜨끼 쓰 믈랴꼬

- 베이컨과 계란
  бекон с яйце
  베꼰   쓰 야이쩨

- 구운 빵
  препечен хляб
  쁘레뻬첸　　흘럅

- 버터
  масло
  마쓸로

- 치즈
  сирене
  씨레네

- 노란 치즈
  кашкавал
  까쉬까발

- 빵
  хляб
  흘럅

- 잼
  конфитюр
  꼰피뜌르

- 룸서비스
  румсервиз
  룸쎄르비쓰

- 칼
  вилица
  빌리짜

- 포크
  лъжица
  러쥐짜

- 컵
  чаша
  차샤

• 접시
чиния
치니야

• 테이블을 예약하다
запазвам маса
자빠즈밤　　마싸

▷ **기본 표현**

• 저에게 좋은 식당을 좀 추천해 주시겠습니까?
Бихте ли ми препоръчали някой добър ресторант?
비흐떼　리　미　쁘레뽀러찰리　　냐꼬이　도버르　레쓰또란뜨

• 오늘 저녁 식사 예약할 수 있어요?
Може ли да резервирам маса за довечера?
모줴　리　다　레제르비람　마싸　자　도베체라

• 이인용 테이블이 있어요?
Имате ли маса за двама?
이마떼　리　마싸　자　드바마

• 오늘 저녁 식사 예약했어요.
Имам запазена маса за тази вечер.
이맘　자빠제나　마싸　자　따지　베체르

• 저희들과 저녁 식사 함께 하실래요?
Бихте ли дошли с нас на вечеря?
비흐떼　리　도쉴리　쓰나쓰　나　베체랴

• 배가 고파요.
Гладен съм.
글라덴　썸

• 목이 말라요.
Жаден съм.
좌덴　썸

- 저는 채식주의자입니다.
  Аз съм вегетарианец.
  아쓰 썸　　베게따리아네쯔

- 다이어트 중이에요.
  На диета съм.
  나　디에따　썸

- 창가 자리로 하시겠어요?
  Желаете ли маса до прозореца?
  줴라에떼　　리 마싸　　도 쁘로조레짜

- 메뉴 좀 주세요.
  Може ли менюто, моля?
  모줴　　리 메뉴또　　　몰랴

- 무엇을 드시겠어요?
  Какво ще желаете?
  까끄보　쉬떼 줴라에떼

- 무슨 음식을 추천해 주시겠어요?
  Какво ще ни препоръчате?
  까끄보　쉬떼 니　쁘레뽀러차떼

- 이 식당의 특별 요리가 뭐예요?
  Какъв е специалитетът на заведението?
  까꺼프　에 쓰뻬찌아리떼떳　　　나 자베데니에또

- 오늘의 특식은 뭐예요?
  Какъв е специалитетът за днес?
  까꺼프　에 쓰뻬찌알리떼떳　　　자 드네쓰

- 생선 구이를 먹겠습니다.
  Ще взема печена риба.
  쉬떼 브제마　뻬체나　　리바

- 양고기를 먹어 보고 싶습니다.
  Бих искал да опитам агнешко месо.
  비흐 이쓰깔 다 오삐땀　　아그네쉬꼬　메쏘

- 샐러드를 시키겠어요.
Ще си поръчам салата.
쉬떼 씨 뽀러참 쌀라따

- 포도주 한 병을 주세요.
Моля, донесете ми една бутилка вино.
몰랴 도네쎄떼 미 에드나 부띨까 비노

- 뭘 고르셨습니까?
Избрахте ли нещо?
이즈브라호떼 리 네쉬또

- 이 음식은 차요.
Това ястие е студено.
또바 야쓰띠에 에 쓰뚜데노

- 이것은 신선하지 않아요.
Това не е прясно.
또바 네 에 쁘랴쓰노

- 마실 것은 뭘 원하십니까?
Желаете ли нещо за пиене?
줴라에떼 리 네쉬또 자 삐에네

- 이 컵 좀 바꿔 주시겠습니까?
Може ли да смените тази чаша, моля?
모줴 리 다 쓰메니떼 따지 차샤 몰랴

- 재떨이 좀 주세요.
Пепелник, моля.
뻬뻴닉 몰랴

- 빵 좀 더 주세요.
Още малко хляб, моля.
오쉬떼 말꼬 흘랍 몰랴

- 소금 좀 건네주세요.
Моля, подайте ми солта.
몰랴 뽀다이떼 미 쏠따

• 포도주 드시겠습니까?
Искате ли вино?
이쓰까떼　리　비노

• 저는 포도주 한 잔 주세요.
За мене чаша вино, моля.
자 메네　차샤　비노　몰랴

• 커피를 드시겠습니까?
Ще пиете ли кафе?
쉬떼 삐에떼 리 까페

• 크림을 넣을까요 아니면 넣지 말까요?
Със сметана или без сметана?
써쓰 쓰메따나　일리　베쓰 쓰메따나

• 차 두 잔 주세요.
Два чая, моля.
드바　차야　몰랴

• 담배 여기 있습니다.
Заповядайте цигара.
자뽀뱌다이떼　　찌가라

• 라이터 여기 있습니다.
Ето запалка.
에또　자빨까

• 이것을 다른 것으로 바꿔 주실 수 있습니까?
Може ли да смените това с друго?
모줴　리 다 쓰메니떼　또바　쓰 드루고

• 이 음식을 시키지 않고 다른 것을 시켰는데요.
Не съм поръчал това, а поръчах друго.
네 썸 보러찰　또바 아 뽀러차흐　드루고

• 계산서 좀 주세요.
Може ли сметката, моля?
모줴　리 쓰메뜨까따　몰랴

- 신용카드 받습니까?

Приемате ли кредитна карта?
쁘리에마떼　　리 끄레디뜨나　　까르따

 음식

▷ 기본 어휘

- 음식
  ястие
  야쓰띠에

- 요리
  гозба
  고즈바

- 비프스테이크
  бифтек
  비프떽

- 석쇠구이
  пържола
  뻐르죠라

- 돈가스
  шницел
  쉬니쩰

- 로스트비프
  телешко печено
  뗄레쉬꼬　　　뻬체노

- 튀긴
  пържен
  뻐르쪤

- 구운
  печен
  뻬첸

- 삶은
  варен
  바렌

- 석쇠에 구운
  на скара
  나 쓰까라

- 찐
  задушен
  자두쉔

- 덜 구운
  недопечен
  네도뻬첸

- 잘 구운
  добре изпечен
  도브레 이쓰뻬첸

- 바짝 구운
  препечен
  쁘레뻬첸

- 짠
  солено
  쏠레노

- 매운
  люто
  류또

- 단
  сладко
  쓸라뜨꼬

- 신
  кисело
  끼쎌로

• 싱거운
безсолно
베쏠노

• 쓴
горчиво
고르치보

• 찬
студено
쓰뚜데노

한국 음식

한국 음식 корейски ястия

소고기 숯불갈비 телешки ребра, печени на жарава

소고기 불고기 телешко месо със соев сос и други подправки

갈비찜 гозба от телешко

라면 полуготови спагети

만두 пелмени

비빔밥 варен ориз със зеленчуци, месо, пържено яйце и лютив сос от червен пипер

비빔냉면 спагети с краставици, яйце, месо и лютив сос от червен пипер

김치 кимчи (китайско зеле с подправки: червен пипер, сол, чесън, пресен лук и др. обикновено люто)

삼계탕 супа от пиле, женшен и др

백반 варен ориз с различни странични ястия

떡국 супа от оризов кейк

- 뜨거운
  горещо
  고레쉬또

▶ 기본 표현

- 한국 식당에서 점심 식사를 합시다.
  Да обядваме в корейски ресторант.
  다 오뱌드바메 브 꼬레이쓰끼 레쓰또란뜨

- 매운 것은 못 먹어요.
  Не мога да ям люто.
  네 모가 다 얌 류또

- 음식을 맵지 않게 해 주세요.
  Моля, направете яденето ми така, че да не е люто.
  몰랴 나쁘라베떼 야데네또 미 다까 체 다 네 에 류또

- 샐러드 이 인분 주세요.
  Дайте ми 2 порции салати, моля.
  다이떼 미 드베 보르찌이 쌀라띠 몰랴

- 고기가 질겨요.
  Месото е жилаво.
  메쏘또 에 쥘라보

㉑ 음료수

▶ 기본 어휘

- **음료수**
  напитки
  나삐뜨끼

- **주류**
  алкохолни напитки
  알꼬홀니　　　나삐뜨끼

- **포도주**
  вино
  비노

- **백포도주**
  бяло вино
  발로　　비노

- **적포도주**
  червено вино
  체르베노　　비노

- **샴페인**
  шампанско
  샴빤쓰꼬

- **코냑**
  коняк
  꼬냑

- **위스키**
  уиски
  우이쓰끼

- 리큐어
  ликьор
  리꾜르

- 소주
  соджу (корейска ракия от жито)
  쏘주

- 맥주
  бира
  비라

- 흑맥주
  тъмна бира
  뗌나   비라

- 생맥주
  наливна бира
  날리브나   비라

- 사이다
  сайдер
  싸이데르

- 소다수
  газирана вода
  가지라나   보다

- 생수
  минерална вода
  미네랄나   보다

- 디저트
  десерт
  데쎄르뜨

- 아이스크림
  сладолед
  쏠라돌렛

- 파이
  пай
  빠이

- 과일
  плодове
  쁠로도베

- 케이크
  торта
  또르따

- 브랜디
  бренди
  브렌디

- 진
  джин
  진

- 보드카
  водка
  보뜨까

- 건배
  наздраве
  나즈드라베

- 한 병
  една бутилка
  에드나 부띨가

- 반 병
  половин бутилка
  쁠로빈   부띨까

- 한 잔
  една чаша
  에드나 차샤

- 라끼야 한 잔 주세요.
Дайте ми чаша ракия, моля.
다아떼 미 차샤 라끼야 몰랴

- 더 주세요.
Донесете ми още, моля.
도네쎄데 미 오쉬떼 몰랴

- 포도주 한 병 주세요.
Бих искал една бутилка вино.
비흐 이쓰깔 에드나 부띨가 비노

- 맥주 한 병에 얼마예요?
Колко струва една бутилка бира?
꼴꼬 쓰뜨루바 에드나 부띨까 비라

- 물 한 잔 더 주세요.
Донесете още една чаша вода, моля.
도네쎄데 오쉬떼 에드나 차샤 보다 모랴

- 시원한 맥주 한 병 주세요.
Дайте ми една бутилка студена бира.
다이떼 미 에드나 부띨까 쓰뚜데나 비라

- 생수 한 병 주세요.
Моля, да донесете една минерална вода.
몰랴 다 도네쎄떼 에드나 미나랄나 보다

- 이 포도주는 몇 년산이에요?
Колко годишно е това вино?
꼴꼬 고디쉬노 에 또바 비노

 # 시내 관광

▷ **기본 어휘**

- 도시
  град
  그랏

- 수도
  столица
  쓰똘리짜

- 지방
  провинция
  쁘로빈찌야

- 시골
  село
  쎌로

- 교외
  предградие
  쁘레드그라디에

- 거리
  улица
  울리짜

- 횡단보도
  пешеходна пътека
  뻬쉐호드나　　뻐떼까

- 광장
  площад
  쁠로쉬땃

- 인도
  тротоар
  뜨로또아르

- 정원
  градина
  그라디나

- 공원
  парк
  빠르끄

- 궁전
  дворец
  드보레쯔

- 다리
  мост
  모쓰뜨

- 분수대
  фонтан
  폰딴

- 건물
  сграда
  즈그라다

- 고층 건물
  висока сграда
  비쏘까   즈그라다

- 마천루
  небостъргач
  네보쓰떠르가츠

- 박물관
  музей
  무제이

- 전시물
  експонат
  엑쓰뽀낫

- 전시회
  изложба
  이즐로쥐바

- 갤러리
  галерия
  갈레리야

- 그림
  картина
  까르띠나

- 서예
  калиграфия
  깔리그라피야

- 동양화
  картина в източен стил
  까르띠나   브 이쓰또첸   쓰띨

- 서양화
  картина в западен стил
  까르띠나   브 자빠덴   쓰띨

- 수채화
  акварел
  아꾸바렐

- 유화
  масло
  마쓸로

- 판화
  графика
  그라피까

- 정물화
  натюрморт
  나뜌르모르뜨

- 에칭
  офорт
  오포르뜨

- 석판화
  литография
  리또그라피야

- 목판화
  дърворезба
  더르보레즈바

- 도예
  керамика
  께라미까

- 조각
  скулптура
  쓰꿀쁘뚜라

- 관공서
  административна сграда
  아드미니쓰뜨라띠브나   즈그라다

- 경찰
  полиция
  뽈리찌야

- 경찰서
  полицейски участък
  뽈리쩨이쓰끼   우차쓰떡

- 경찰관
  полицай
  뽈리짜이

- 도서관
  библиотека
  비블리오떼까

- 시청
  кметство
  끄멧쓰뜨보

- 학교
  училище
  우칠리쉬떼

- 대학교
  университет
  우니베르씨뗏

- 교회
  църква
  쩌르끄바

- 정교회
  православна църква
  쁘라보쓸라브나　쩌르끄바

- 개신교 교회
  протестантска църква
  쁘로떼쓰딴뜨쓰까　쩌르끄바

- 유대교 회당
  синагога
  씨나고가

- 이슬람 사원
  джамия
  자미야

- 성당
  катедрала
  까떼드랄라

- 수도원
  манастир
  마나쓰띠르

- 수녀원
  женски манастир
  젠쓰끼 마나쓰띠르

- 절
  будистки храм
  부디쓰뜨끼 흐람

- 동상
  статуя
  쓰따뚜야

- 기념비
  паметник
  빠메뜨닉

- 타워
  кула
  꿀라

- 탑
  пагода
  빠고다

- 산
  планина
  쁠라니나

- 동굴
  пещера
  뻬쉬떼라

- 폭포
  водопад
  보도빳

- 묘지
  гробище
  그로비쉬떼

- 콘서트홀
  концертна зала
  꼰쩨르뜨나　잘라

- 공장
  завод
  자보뜨

- 항구
  пристанище
  쁘리쓰따니쉬떼

- 부두
  кей
  께이

- 독
  док
  독

- 천문대
  обсерватория
  옵쎄르바또리야

- 경기장
  стадион
  쓰따디온

- 증권거래소
  фондова борса
  폰도바　보르싸

- 중심가
  център
  쩬떠르

- 시장
  пазар
  빠자르

- 식물원
  ботаническа градина
  보따니체쓰까   그라디나

- 동물원
  зоопарк
  조오빠르끄

▷ 기본 표현

- 여행 안내소가 어디 있어요?
  Къде е туристическо бюро?
  꺼데   에 뚜리쓰띠체쓰꼬   뷰로

- 이 도시에서 재미있는 곳을 모두 보고 싶어요.
  Искам да видя всички интересни места в града.
  이쓰깜   다 비야   프씨츠끼   인테레쓰니   메쓰다 브 그라다

- 박물관을 방문하고 싶어요.
  Искам да посетя музей.
  이쓰깜   다 뽀쎄따   무제이

- 가 볼 만한 곳이라고 생각하세요?
  Смятате ли, че си заслужава да се посети?
  쓰먀따데   리 체 씨 자쓸루좌바   다 쎄 뽀쎄띠

- 박물관이 지금 열려 있을까요?
  Мислите ли, че музеят е отворен сега?
  미쓸리떼   리 체 무제얏   에 오뜨보렌   쎄가

- 국립박물관에 꼭 가 보세요.
  Трябва обезателно да посетите националния
  뜨럅바   오베자뗄노   다 뽀쎄띠떼   나지오날니야

музей.
무제이

• 여행 안내서를 어디에서 살 수 있을까요?
Къде мога да купя пътеводител?
께데　모가　다　꾸빠　뻐떼보디뗄

• 도시 지도를 사고 싶어요.
Искам карта на града.
이쓰깜　까르따　나 그라다

• 소피아대학교까지 어떻게 가는 지 말씀해 주시겠습니까?
Бихте ли ми казали как да стигна до Софийския
비흐떼　리　미　까잘리　각　다　쓰띠그나　도　쏘피이쓰끼야
университет?
우니베르씨뗏

• 이 길 이름이 뭐예요?
Как се нарича тази улица?
깍　쎄　나리차　따지　울리짜

• 똑바로 가세요.
Вървете направо.
버르베떼　나쁘라보

• 신호등에서 오른쪽으로 가세요.
Като стигнете до светофара, завийте надясно.
까도　쓰띠그네떼　도　쓰베또파라　자비이떼　나댜쓰노

• 박물관으로 가는 길이 맞아요?
Оттук ли се отива за музея?
옷뚝　리　쎄　오띠바　자　무제야

• 국립미술관까지 가는 가장 가까운 길이 어디예요?
Кой е най-късият път до Националната галерия?
꼬이　에 나이　꺼씨얏　뻣　도　나지오날나따　갈레리야

• 박물관이 여기서 얼마나 멀어요?
Колко далеч оттук е музеят?
꼴꼬　달레치　옷뚝　에 무제얏

- 10분 정도 걸려요.
  Около десет минути.
  오꼴로 데쎗 미누띠

- 박물관까지 어떻게 갑니까?
  Как мога да стигна до музея?
  깍 모가 다 쓰띠그나 도 무제야

- 정문이 어디예요?
  Къде е главният вход?
  꺼데 에 글라브니얏 브호드

- 오른쪽으로 돌아서 똑바로 걸어가세요.
  Завийте надясно и вървете направо.
  자이이떼 나댜쓰노 이 버르베떼 나쁘라보

- 바로 거기예요.
  Не може да не го видите.
  네 모줴 다 네 고 비디떼

- 자연사 박물관이 여기에서 멀어요?
  Природонаучният музей далеч ли е оттук?
  쁘리로도나우츠니얏 무제이 달레치 리 에 옷뚝

- 아니요, 멀지 않아요.
  Не, не е далеч.
  네 네 에 달레치

- 저를 따라오세요.
  Елате с мен.
  엘라떼 쓰 멘

- 저도 그쪽으로 가요.
  Аз също отивам натам.
  아쓰 써쉬또 오디밤 나땀

- 아주 친절하시네요.
  Много мило от Ваша страна.
  므노고 밀로 옷 바샤 쓰뜨라나

- 걸어갈 수 있나요?
  Мога ли да отида пеш?
  모가　리 다 오디다　뻬쉬

- 걸어가려면 아주 멀어요.
  Твърде далеч е, за да вървите пеш.
  떠버르데　달레치　에 자 다 버르비떼　뻬쉬

- 차로 데려다 드릴까요?
  Да Ви закарам ли с колата?
  다 비 자가람　리 쓰 꼴라따

- 길을 잃어버린 것 같아요.
  Изглежда, че съм се загубил.
  이즈글레쥐다　체 썸　쎄 자구빌

- 길을 잃어 버렸어요.
  Загубих се.
  자구비흐　쎄

- 어느 방향으로 가야 할 지 모르겠어요.
  Не знам в коя посока да вървя.
  네 즈남　브꼬야 뽀쏘까　다 버르뱌

- 호텔로 돌아가고 싶어요.
  Искам да се върна в хотела.
  이쓰깜　다 쎄 버르나 브 호뗄라

- 가방을 잃어 버렸어요.
  Загубих чантата си.
  자구비흐　찬따따　씨

- 어떻게 하죠?
  Какво да направя?
  까끄보　다 나쁘라뱌

- 이 기념비는 어떤 것이에요?
  Какъв е този паметник?
  까끄프　에 또지　빠메뜨닉

- 이 광장 이름이 무엇이에요?
  Как се казва този площад?
  깍 쎄 까즈바 또지 쁠로쉬땃

- 동물원이 몇 시에 문을 열어요?
  В колко часа отварят зоопарка?
  브 꼴꼬 차싸 오뜨바랏 조오빠르까

- 몇 시에 문을 닫아요?
  В колко часа затварят?
  브 꼴꼬 차싸 짜뜨바랏

- 입장료가 얼마예요?
  Колко е входната такса?
  꼴꼬 에 브호드나따 딱싸

- 학생 할인이 있어요?
  Има ли ученическо намаление?
  이마 리 우체니쩨쓰꼬 나말레니에

- 팸플릿을 팔아요?
  Каталогът продава ли се?
  까딸로것 쁘로다바 리 쎄

- 사진을 찍어도 됩니까?
  Може ли да снимам с фотоапарат?
  모줴 리 다 쓰니맘 쓰 포또아빠랏

- 이 동상은 어떤 것인지 아세요?
  Знаете ли каква е тази статуя?
  즈나에떼 리 까끄바 에 타지 쓰따뚜야

- 타워에 올라가면 도시 전체를 볼 수 있어요.
  Можете да видите целия град, ако се качите на кулата.
  모줴떼 다 비디떼 쩰리야 그랏 아꼬 쎄 까치떼 나 꿀라따

- 오래된 가구나 물건에 관심이 있어요.
  Интересувам се от стари мебели и предмети.
  인떼레쑤밤 쎄 옷 쓰따리 메벨리 이 쁘레드메띠

• 근처에 골동품 가게가 있습니까?
Има ли антикварен магазин наблизо?
이마 리 안띠꼬바렌   마가진   나블리조

• 누가 이 그림을 그렸어요?
Кой е нарисувал тази картина?
꼬이 에 나리수발   따지 까르띠나

• 이 건물은 언제 지었어요?
Кога е построена тази сграда?
꼬가   에 뽀쓰뜨로에나   따지   즈그라다

게시판

▷ **기본 어휘**

• 주의
  Внимание!
  브니마니에

• 위험
  Опасно!
  오빠쓰노

• 고압 전류
  Високо напрежение!
  비쏘꼬   나쁘레줴니에

• 페인트 조심
  Пази се от боята!
  빠지   쎄 옷 보야따

• 정숙
  Тишина!
  띠쉬나

• 금연
  Пушенето забранено!
  뿌쉐네또   자브라네노

• 절대 금연
  Пушенето строго забранено!
  뿌쉐네또   쓰뜨로고   자브라네노

• 통행 금지
  Минаването забранено!
  미나바네또   자브라네노

• 개 조심
Пази се от кучето!
빠지 쎄 옷 꾸체또

• 잔디를 밟지 마시오.
Не гази тревата!
네 가지 뜨레바따

• 만지지 마시오
Не пипай!
네 삐빠이

• 출입 금지
Вход забранен!
브홋 자브라넨

• 외부인 출입 금지!
Вход за външни лица забранен!
브홋 자 번쉬니 리짜 자브라넨

• 입국
Вход
브홋

• 출구
Изход
이쓰홋

• 비상구
Евакуационен изход
에바꾸아찌오넨 이쓰홋

• 근무 시간
работно време
라보뜨노 브레메

• 영업 중
отворено
오뜨보레노

- 닫힘
  затворено
  짜뜨보레노

- 노크하세요
  Моля, чукайте!
  몰랴   추까이떼

- 미세요
  Бутни
  부뜨니

- 당기세요
  Дръпни
  드러쁘니

- 문을 닫으세요
  Моля, затваряйте вратата!
  몰랴   자뜨바랴이떼   브라따따

- 화장실
  Тоалетна
  또알레뜨나

- 여자용
  Жени
  줴니

- 남자용
  Мъже
  머줴

- 빈
  Свободно
  쓰보보드노

- 사용 중
  Заето
  자에또

- 빈자리 있음.
  Има свободни места.
  이마   쓰보보드니   메쓰따

- 빈자리 없음.
  Няма свободни места.
  냐마   쓰보보드니   메쓰따

- 동전을 넣으세요.
  Пусни монета.
  뿌쓰니   모네따

- 고장
  Не работи
  네   라보띠

- 세 놓음.
  Дава се под наем.
  다바   쌔   보드 나엠

- 촬영 금지
  Снимането забранено
  쓰니마네또   자브라네노

- 세일
  Разпродажба
  라즈쁘로다쥐바

- 매물
  Продава се
  뽀로다바   쎄

24 공연 감상

24.1 공연 1

▶ **기본 어휘**

- 극장
  театър
  떼아떠르

- 영화관
  кино
  끼노

- 콘서트
  концерт
  곤체르뜨

- 오페라
  опера
  오뻬라

- 발레
  балет
  발렛

- 매표소
  касса
  까싸

- 표
  билет
  빌렛

- 표 값
  цена на билет
  쩨나　나 빌렛

- 관람석
  място за публика
  먀쓰도　자 뿌블리까

- 로비
  фоайе
  포아이에

- 휴대품 보관소
  гардероб
  가르데롭

- 매점
  бюфет
  뷰펫

- 1층 좌석
  партер
  빠르떼르

- 발코니 좌석
  балкон
  발꼰

- 귀빈석
  ложа
  로좌

- 무대
  сцена
  쓰쩨나

- 막
  завеса
  자베싸

- 배우(남자)
актьор
악뚀르

- 배우(여자)
актриса
악뜨리싸

- 배역
роля
롤랴

- 주연
главна роля
글라브나　롤랴

- 안내원
разпоредителка
라즈쁘레디뗄까

- 프로그램
програма
쁘로그라마

- 막간
антракт
안뜨락뜨

- 벽보
афиш
아피쉬

- 관객
публика
뿌블리까

- 박수갈채
аплодисменти
아쁠로디쓰멘띠

- 앙코르
  бис
  비쓰

- 연극
  театрално представление
  떼아뜨랄노　　쁘렛쓰따블레니에

- 뮤지컬
  мюзикъл
  뮤지껄

- 서커스
  цирк
  찌르끄

- 영화관
  кино салон
  끼노　　쌀론

- 연극단
  театрална трупа
  떼아뜨랄나　　뜨루빠

- 희곡
  пиеса
  삐에싸

- 드라마
  драма
  드라마

- 비극
  трагедия
  뜨라게디야

- 희극
  комедия
  고메디야

- 조명
  светлина
  스뻬들리나

- (연극) 첫 공연
  премиера на театър
  쁘레미에라　　나 떼어떠르

- (영화) 시사회
  премиера на филм
  쁘레미에라　　나 필름

- 출연진
  актьорски състав
  악또르쓰끼　　써쓰따프

- 등장인물
  действащи лица
  데이쓰뜨바쉬띠　리짜

- 감독
  режисьор
  레쥐쑈르

- 극작가
  драматург
  드라마뚜륵

- 스크린
  екран
  에끄란

- 흑백영화
  черно-бял филм
  제르노　발　필름

- 범죄영화
  криминален филм
  끄리미날렌　　필름

- 오락영화
  игрален филм
  이그랄렌   필름

- 다큐멘터리
  документален филм
  도꾸멘딸렌   필름

- 각본
  сценарий
  쓰쩨나리이

- 연출가
  продуцент
  쁘로두쩬뜨

- 촬영기사
  оператор
  오뻬라또르

- 영화촬영 스튜디오
  филмово студио
  필모보   쓰뚜디오

- 인기 영화배우
  филмова звезда
  밀모마   즈메즈다

- 20세 이하 관람불가
  забранен до 20 години
  자브라넨   도   드바이쎗 고디니

▷ 기본 표현

- 오늘밤 이 영화관에서 무슨 영화를 상영합니까?
  Какво дават в киното тази вечер?
  까끄보   다밧   브 끼노또   따지   베체르

• 영화관에서는 금연입니다.
В киното пушенето е забранено.
브 끼노또　　뿌쉐네또　　　에 자브라네노

• 이 자리에서 잘 보여요?
Вижда ли се добре от тези места?
비쥐다　리 쎄 도브레 옷 떼지 메쓰따

• 최근에 좋은 영화를 보셨어요?
Гледали ли сте напоследък някой хубав филм?
글레달리　리 쓰떼 나뽀쓸레덕　　냐꼬이 후바프 필름

• 이번 달에 좋은 영화가 없어요.
Този месец няма хубави филми.
또지 메쎄쯔 냐마　후바비　필미

• 영화관에 자주 가십니까?
Ходите ли често на кино?
호디떼　리 체쓰도 나 끼노

• 예. 저는 영화광이에요.
Да. Аз съм голям любител на киното.
다 아쓰 썸 골럄　류비뗼　　나 끼노또

• 주연이 누구예요?
Кой играе главната роля?
꼬이 이그라에 그라브나따　롤랴

• 국립극장에 갑시다.
Да отидем в националния театър.
다 오띠뎀　브 나찌오날니야　　떼아떠르

• 두 좌석을 미리 예매했어요.
Ангажирали сме две места (предварително).
아가쥐랄리　　쓰메 드베 메쓰따 (쁘레드바리뗼노)

• 공연이 언제 시작됩니까?
Кога започва представлението?
꼬가 자뽀츠바　쁘레뜨쓰따블레니에또

- 프로그램 한 장 주세요.
Една програма, моля.
에드나 쁘로그라마 몰랴

- 전화로 표를 예매할까요?
Искате ли да запазя билети по телефона?
이쓰까떼 리 다 자빠쟈 빌레띠 쁘 뗄레포나

- 미리 표를 예매했어야 했어요.
Трябваше да си купим билети предварително.
뜨럅바쉐 다 씨 꾸쁨 빌레띠 쁘레드바리뗄노

- 잠깐 기다리세요.
Почакайте един момент.
뽀차까이떼 에딘 모멘뜨

- 빈자리가 두 개 있었던 것 같아요.
Мисля, че има две свободни места.
미쓸랴 체 이마 드베 쓰보보드니 메쓰따

- 예. 표가 몇 장 있어요.
Да. Има няколко билета.
다 이마 냐꼴꼬 빌레따

- 1층 좌석으로 두 자리 주세요.
Две места в партера, моля.
드베 메쓰따 브 빠르떼라 몰랴

- 표가 모두 매진되었습니다.
Всички билети са продадени.
프씨츠끼 빌레띠 싸 쁘로다데니

- 오늘 저녁 표가 있습니까?
Имате ли билети за тази вечер?
이마떼 리 빌레띠 자 따지 베체르

- 오늘 저녁 표는 없습니다.
Нямаме билети за тази вечер.
냐마메 빌레띠 자 따지 베체르

• 더 싼 표가 있습니까?

Имате ли по-евтини билети?

이마떼　리　뽀　에프띠니　빌레띠

• 표를 좀 볼 수 있을까요?

Може ли да видя билета Ви, моля?

모줴　리　다　비댜　빌레따　비　몰랴

• 제 자리가 이 줄 가운데인 것 같아요.

Мисля, че мястото ми е в средата на реда.

미쓸랴　체　먀쓰또또　미　에브쓰레다따　나　레다

• 좀 지나가도 될까요?

Може ли да мина?

모줴　리　다　미나

24.2 공연 2

▷ 기본 어휘

• 작곡가

композитор

꼼뽀지또르

• 지휘자

диригент

디리겐뜨

• 오케스트라

оркестър

오르께쓰떠르

• 심포니 음악회

симфоничен концерт

씸포니첸　꼰쩨르뜨

• 재즈

джаз

자쓰

- 록 콘서트

  рок концерт

  록　꼰쩨르뜨

- 콘서트 홀

  концертна зала

  꼰쩨르뜨나　잘라

- 피아노 연주회

  концерт за пиано

  꼰쩨르뜨　자 삐아노

- 바이올린 연주회

  концерт за цигулка

  꼰쩨르뜨　자 찌굴까

- 독주회

  концерт-рецитал

  꼰쩨르뜨　레찌딸

- 고전 음악, 클래식 음악

  класическа музика

  끌라씨체쓰까　무지까

- 실내악

  камерна музика

  까메르나　무지까

- 발레단

  балетен ансамбъл

  발레뗀　안쌈벌

- 현대 발레

  модерен балет

  모데렌　발렛

- 고전 발레

  класически балет

  끌라씨체쓰끼　발렛

- 발레리나
  балерина
  발레리나

- 발레리노
  балетист
  발레띠쓰뜨

- 의상
  костюм
  꼬쓰뚬

- 무대장치
  декор
  데꼬르

- 분장
  грим
  그림

- 가수 (남자)
  певец
  뻬베쯔

- 가수 (여자)
  певица
  뻬비짜

- 독주자, 솔리스트 (남자)
  солист
  쏠리쓰뜨

- 독주자, 솔리스트 (여자)
  солистка
  쏠리쓰뜨까

▷ 기본 표현

- 오페라를 보러 가시겠어요?
  Желаете ли да отидем на опера?
  쪠라에떼　리　다　오띠뎀　　나　오뻬라

- 오페라가 어디에 있어요?
  Къде е операта?
  꺼데　에 오뻬라따

- 오늘 밤 무슨 오페라 공연이 있어요?
  Каква опера има тази вечер?
  까끄바　오뻬라　이마　따지　베체르

- 이 오페라를 아주 좋아해요.
  Много обичам тази опера.
  므노고　오비참　따지　오뻬라

- 옷 보관소가 어디에 있어요?
  Къде е гардеробът, моля?
  꺼데　에 가르데로벗　　몰랴

- 가방과 코트를 맡길 수 있습니까?
  Мога ли да оставя и чантата си заедно с палтото?
  모가　리　다　오쓰따뱌　이 찬따따　　씨　자에드노　쓰 빨또또

- 막간이 있습니까?
  Има ли антракт?
  이마　리　안뜨락뜨

- 배우들이 아주 뛰어나요.
  Актьорите са много добри.
  악또리떼　　씨　므노고　도브리

- 주연은 누구예요?
  Кои играе главната роля?
  꼬이　이그라에 글라브나따　롤랴

- 그 여자는 아주 훌륭한 가수예요.
  Тя е много добра певица.
  따 에 므노고   도브라   뻬비짜

- 솔리스트가 누구예요?
  Кой е солистът?
  꼬이 에 쏠리쓰떳

- 그 사람의 연주가 마음에 들었습니까?
  Харесва ли Ви изпълнението му?
  하레쓰바   리 비 이쓰뻴네니에또   무

- 좋아하는 작곡가가 누구예요?
  Кой е любимият Ви композитор?
  꼬이 에 류비미얏   비 꼼뽀지또르

- 같이 가요.
  Хайде да отидем заедно.
  하이데 다 이띠뎀   자에드노

- 어젯밤 음악회가 아주 좋았어요.
  Концертът снощи беше много хубав.
  꼰쩨르떳   쓰노쉬띠 베쉐 므노고 후바프

- 누가 지휘를 했어요?
  Кой дирижира?
  꼬이 디리쮜라

- 이 오케스트라는 아주 유명해요.
  Този оркестър е много известен.
  또지 오르께쓰떠르 에 므노고   이즈베쓰뗀

25 운동

▷ **기본 어휘**

- **운동**
  спорт
  쓰뽀르뜨

- **운동선수**
  спортист
  쓰뽀르띠쓰뜨

- **겨울 스포츠**
  зимен спорт
  지멘　　쓰뽀르뜨

- **수상 스포츠**
  воден спорт
  보덴　　쓰뽀르뜨

- **스포츠 클럽**
  спортен клуб
  쓰뽀르뗀　　끌룹

- **회원증**
  членска карта
  츨렌쓰까　　까르따

- **육상 선수**
  атлет
  아뜰렛

- **육상**
  лека атлетика
  레까　　아뜰레띠까

- 육상 대회
  атлетическо състезание
  아뜰레띠체쓰고 써쓰떼자니에

- 실내 경기
  игри на закрито
  이그리 나 자끄리또

- 경기장
  спортно игрище
  쓰뽀르뜨노 이그리쉐떼

- 육상 트랙
  състезателна писта
  써쓰떼자텔나 삐쓰따

- 달리기
  бягане
  뱌가네

- 릴레이 경주
  щафетни бягания
  쉬따페뜨니 뱌가니야

- 백 미터 달리기
  бягане на сто метра
  뱌가네 나 쓰또 메뜨라

- 장거리 달리기
  бягане на дълги разстояния
  뱌가네 나 덜기 라쓰또야니야

- 장애물 경주
  бягане с препятствия
  뱌가네 쓰 쁘레뺫쓰뜨비야

- 마라톤
  маратон
  마라똔

• 높이뛰기
ВИСОК СКОК
비쏙　쓰꼭

• 멀리뛰기
скок на дължина
쓰꼭　나　덜쥐나

• 삼단뛰기
троен скок
뜨로엔　쓰꼭

• 장대높이뛰기
овчарски скок
오쁘차르쓰끼　쓰꼭

• 투창
хвърляне на копие
흐버를랴네　나　꼬삐에

• 원반던지기
хвърляне на диск
흐버를랴네　나　디쓰끄

• 해머던지기
хвърляне на чук
흐버를랴네　나　축

• 투포환
тласкане на гюле
뜰라쓰까네　나　귤레

• 체조
гимнастика
김나쓰띠까

• 리듬체조
художествена гимнастика
호도줴쓰뜨베나　김나쓰띠까

- 체육관

  гимнастически салон

  김나쓰띠체쓰끼　　　살론

- 권투

  бокс

  복쓰

- 권투선수

  боксьор

  복쏘르

- 레슬링

  борба

  보르바

- 레슬링선수

  борец

  보레쯔

- 씨름

  традиционна корейска борба

  쯔라디찌온나　　　꼬레이쓰까　　　보르바

- 역도

  вдигане на тежести

  브디가네　　나　떼줴쓰띠

- 축구

  футбол

  풋볼

- 미식축구

  американски футбол

  아메리깐쓰끼　　　풋볼

- 축구장

  футболно игрище

  풋볼노　　　　이그리쉬떼

- 운동장
  стадион
  쓰따디온

- 축구선수
  футболист
  풋볼리쓰뜨

- 코치
  треньор
  뜨레뇨르

- 훈련시키다
  тренирам
  뜨레니람

- 심판
  съдия
  써디야

- 준준결승
  четвърт финал
  체뜨버르뜨　피날

- 준결승
  полуфинал
  뽈루피날

- 결승
  финал
  피날

- 선수권대회
  първенство
  뻐르벤쓰뜨보

- 지다
  губя
  구뱌

• 이기다
печеля
뻬첼랴

• 시합
състезание
써쓰떼쟈니에

• 경기
мач
마치

• 경기 시작
начало на мача
나찰로　나　마차

• 골
гол
골

• 골을 넣다
вкарвам гол
프까르밤　골

• 코너킥
ъглов удар
어글로프 우다르

• 페널티킥
единадесетметров наказателен удар
이디나데쎗메뜨로프　나까자텔렌　우다르

• 프리킥
свободен удар
쓰보보덴　우다르

• 오프사이드
засада
자싸다

- 헤딩
  удар с глава
  우다르 쓰 글라바

- 패스
  подаване
  뽀다바네

- 배구
  волейбол
  볼레이볼

- 농구
  баскетбол
  바쓰껫볼

- 핸드볼
  хандбал
  한드발

- 배구장
  волейболно игрище
  볼레이볼노   이그리쉬떼

- 테니스
  тенис
  떼니쓰

- 테니스장
  тенис корт
  떼니쓰   꼬르뜨

- 탁구
  тенис на маса
  떼니쓰   나 마싸

- 스키
  ски
  쓰끼

- 아이스하키
  хокей на лед
  호께이　나 렛

- 필드하키
  хокей на трева
  호께이　나 뜨레바

- 피겨 스케이팅
  (фигурно) пързаляне
  (피구르노)　뻐르잘랴네

- 등산
  алпинизъм
  알삐니점

- 수영
  плуване
  쁠루바네

- 수영장
  плувен басейн
  쁠루벤　바쎄인

- 실내
  закрит
  자끄리뜨

- 실외
  открит
  오뜨끄리뜨

- 자유형
  свободен стил
  쓰보보덴　쓰띨

- 평형
  бруст
  브루쓰뜨

- 접영
  бътерфлай
  버떼르플라이

- 배영
  плуване по гръб
  쁠루바네　뽀　그럽

- 다이빙
  скок във вода
  쓰꼭　버프 보다

- 수영 대회
  плувно състезание
  쁠루브노　써쓰떼자니에

- 보트 레이스
  състезание с лодки
  써쓰떼자니에　쓰 로뜨끼

- 요트 레이스
  състезание с платноходки
  써쓰떼자니에　쓰 쁠라뜨노호뜨끼

- 조정
  гребане
  그레바네

- 카누
  кану
  까누

- 경마
  конни състезания
  꼰니　써쓰테자니야

- 경마장
  хиподрум
  히뽀드룸

- 자전거 경기
  състезание с велосипеди
  써쓰떼자니에　쓰 벨로씨뻬디

- 경륜
  колоездене
  꼴로에즈데네

- 펜싱
  фехтовка
  페흐또프까

- 체스
  шахмат
  샤 흐맛

- 골프
  голф
  골프

- 야구
  бейзбол
  베이즈볼

- 크리켓
  крикет
  끄리껫

- 에어로빅
  аеробика
  아에로비까

- 태권도
  текуондо
  떼꾸온도

- 유도
  джудо
  주도

▷ 기본 표현

• 운동을 하세요?
Спортувате ли?
쓰뽀르뚜바떼　　리

• 테니스를 해요.
Играя тенис.
이그라야　떼니쓰

• 무슨 운동을 하세요?
Какво спортувате?
까끄보　　쓰뽀르뚜바떼

• 어떤 농구팀이 가장 잘 해요?
Кой е най-добрият баскетболен отбор?
꼬이　에 나이　도브리얏　　바쓰껫볼렌　　　오뜨보르

• 축구는 한국에서 인기 있는 스포츠입니까?
Футболът популярен спорт ли е в Корея?
풋볼럿　　　뽀뿔랴렌　　쓰뽀르뜨 리　에브 꼬레야

• 축구팬이세요?
Любител ли сте на футбола?
류비뗄　　리 쓰떼 나 풋볼라

• 전반전이 몇 분이나 남았어요?
Колко минути остават до края на първото
꼴꼬　　미누띠　　오쓰따밧　도 끄라야 나 뻐르보또
полувреме?
뽈루브레메

• 근처에 수영장이 있습니까?
Има ли плувен басейн наблизо?
이마 리 쁠루벤　　바쎄인　　나블리조

• 가장 가까운 골프장이 어디예요?
Къде е най-близкото голф игрище?
꺼데　에 나이 블리쓰꼬또　골프　이그리쉬떼

- 아이스하키에 관심이 있습니다.
  Интересувам се от хокей на лед.
  인떼레쑤바 쎄 옷 호께이 나 렛

- 그 사람은 야구광이에요.
  Той е бейзболен запалянко.
  도이 에 베이즈볼렌 자빨랸꼬

- 경기장이 어디예요?
  Къде е стадионът?
  꺼데 에 쓰따디오넛

- 결과가 어떻습니까?
  Какъв е резултатът?
  까꺼프 에 레줄따떳

- 동점이에요.
  Резултатът е равен.
  레줄다떳 에 라벤

- 영 대 영이에요.
  Нула на нула.
  눌라 나 눌라

- 이 대 삼이에요.
  Два на три е.
  드바 나 뜨리 에

- 그들이 이겼어요.
  Те спечелиха.
  떼 쓰뻬첼리하

- 누가 골을 넣었어요?
  Кой вкара гола?
  꼬이 프까라 골라

- 골키퍼가 아주 잘 해요.
  Вратарят е много добър.
  브라따럇 에 므노고 도버르

- 스키를 타고 싶어요.
  Искам да карам ски.
  이쓰깜　다 까람　쓰끼

- 스키 강사를 어디에서 찾을 수 있습니까?
  Къде мога да намеря ски инструктор?
  꺼데 모가 다 나메랴　쓰끼 인쓰뜨룩또르

- 스키 장비를 빌리고 싶어요.
  Искам да наема ски екипировка.
  이쓰깜　다 나에마　쓰끼 에끼삐로프까

- 리프트가 있어요?
  Има ли лифт?
  이마 리 리프뜨

26 가족

▶ 기본 어휘

- **가족**
  семейство
  쎄메이쓰뜨보

- **친척**
  роднина
  로드니나

- **부모**
  родители
  로디뗄리

- **아이**
  дете
  데떼

- **남편**
  съпруг
  써쁘룩

- **아내**
  съпруга
  써쁘루가

- **아버지**
  баща
  바쉬따

- **어머니**
  майка
  마이까

- 아들
  син
  씬

- 딸
  дъщеря
  더쉬떼랴

- 형, 오빠
  по-голям брат
  뽀 골람 브랏

- 남동생
  по-малък брат
  뽀 말럭 브랏

- 누나, 언니
  по-голяма сестра
  뽀 골랴마 쎄쓰뜨라

- 여동생
  по-малка сестра
  뽀 말까 쎄쓰뜨라

- 할아버지
  дядо
  댜도

- 할머니
  баба
  바바

- 손자
  внук
  브눅

- 손녀
  внучка
  브누츠가

- 큰아버지, 작은아버지
  ЧИЧО
  치초

- 삼촌
  ЧИЧО
  치초

- 큰어머니, 작은어머니
  СТРИНА
  쓰뜨리나

- 외삼촌
  ВУЈЧО
  부이초

- 숙모
  ВУЈНА
  부이나

- 이모
  ЛЕЉА
  렐랴

- 이모부
  СВАКО
  쓰바꼬

- 고모
  ЛЕЉА
  렐랴

- 고모부
  СВАКО
  쓰바꼬

- 조카(남자)
  ПЛЕМЕННИК
  쁠레멘닉

- 조카(여자)
  племенница
  쁠레멘니짜

- 사촌(남자)
  братовчед
  브라또프쳇

- 사촌(여자)
  братовчедка
  브라또프체뜨까

- 시아버지
  свекър
  쓰베꺼르

- 시어머니
  свекърва
  쓰베꺼르바

- 장인
  тъст
  떠쓰뜨

- 장모
  тъща
  떠쉬따

- 사위
  зет
  젯

- 형부(매부, 제부)
  зет
  젯

- 처남
  шурей
  슈레이

- 동서
  балдъза
  발더자

- 시아주버니, 시동생
  девер
  데베르

- 동서
  баджанак
  바자낙

- 며느리
  снаха
  쓰나하

- 올케
  снаха
  쓰나하

- 시누이
  зълва
  절바

- 의붓아버지
  втори баща
  프또리 바쉬따

- 의붓어머니
  мащеха
  마쉬떼하

- 과부, 미망인
  вдовица
  브도비짜

- 홀아비
  вдовец
  브도베쯔

- 신부
  булка
  불까

- 신랑
  младоженец
  블라도줴네쯔

- 전남편
  бивш съпруг
  비프쉬   써쁘룩

- 전처
  бивша съпруга
  비프샤   써쁘루가

▷ 기본 표현

- 우리 가족은 네 명이에요.
  Нашето семейство е четиричленно.
  나쉐또   쎄메이쓰뜨보   에 쩨띠리츨렌노

- 결혼하셨어요? (남자에게)
  Женен ли сте?
  줴넨   리 쓰떼

- 예, 결혼했어요. (남자)
  Да, женен съм.
  다   줴넨   썸

- 미혼입니다. (남자)
  Не съм женен.
  네 썸   줴넨

- 총각입니다.
  Ерген съм.
  에르겐   썸

- 미혼이에요. (여자)
  Не съм омъжена.
  네 썸 오머줴나

- 미혼이에요. (여자)
  Мома съм.
  모마 썸

- 약혼했어요. (남자)
  Сгоден съм.
  쓰고덴 썸

- 약혼했어요. (여자)
  Сгодена съм.
  쓰고데나 썸

- 언제 결혼하세요?
  Кога ще се жените?
  꼬가 쉬떼 쎄 줴니떼

- 그 사람들 결혼식이 언제예요?
  Кога ще бъде сватбата им?
  꼬가 쉬떼 버데 쓰바드바따 임

- 아이가 있습니까?
  Имате ли деца?
  이마떼 리 데짜

- 아이가 둘 있어요.
  Имаме две деца.
  이마메 드베 데짜

- 아들 둘하고 딸이 하나 있습니다.
  Имаме двама сина и една дъщеря.
  이마메 드바마 씨나 이 에드나 더쉬떼랴

- 아직 아이가 없어요.
  Още нямаме деца.
  오쉬떼 냐마메 데짜

- 외동딸입니다.
Аз съм единствената дъщеря.
아쓰 썸　에딘쓰뜨베나따　　더쉬떼랴

- 외동아들입니다.
Аз съм единственият син.
아쓰 썸　에딘쓰뜨베니얏　　씬

- 이혼했어요. (남자)
Разведен съм.
라즈베덴　　썸

- 이혼했어요. (여자)
Разведена съм.
라즈베데나　　썸

27 직업

▷ 기본 어휘

- 직업
  професия
  쁘로페씨야

- 자동차 수리공
  автомонтьор
  아프또몬뚀르

- 농학자
  агроном
  아그로놈

- 변호사
  адвокат
  아드보깟

- 검사
  прокурор
  쁘로꾸로르

- 판사
  съдия
  써디야

- 은행원
  банкер
  반께르

- 약사
  аптекар
  압떼까르

- 예술가
  артист
  아르띠쓰뜨

- 건축가
  архитект
  아르히떽뜨

- 비즈니스맨
  бизнесмен
  비즈네쓰멘

- 생물학자
  биолог
  비올록

- 의사
  лекар
  레까르

- 간호사
  медицинска сестра
  메디찐쓰까   쎄쓰뜨라

- 수의사
  ветеринарен лекар
  베떼리나렌   레까르

- 치과의사
  зъболекар
  저볼레까르

- 기자
  журналист
  쥬르날리쓰뜨

- 장인
  занаятчия
  자나야뜨치야

- 농부
  земеделец
  제메델레쯔

- 엔지니어
  инженер
  인줴네르

- 건축 기사
  строителен инженер
  쓰뜨로이뗄렌　인줴네르

- 전기 기사
  електроинженер
  엘렉뜨로인줴네르

- 기계공학자
  машинен инженер
  마쉬넨　인줴네르

- 기술자
  техник
  떼흐닉

- 작곡가
  композитор
  꼼뽀지또르

- 광부
  миньор
  미뇨르

- 선원
  моряк
  모략

- 음악가
  музикант
  무지깐뜨

생활 회화

II

직업

- 통역사
  (устен) преводач
  쁘레보다치

- 번역가
  (писмен) преводач
  쁘레보다치

- (대학교) 교원
  преподавател
  쁘레쁘다바텔

- 점원
  продавач
  쁘로다바치

- (비행기) 조종사
  пилот
  삘롯

- 작가
  писател
  삐싸텔

- 가수
  певец
  뻬베쯔

- 노동자
  работник
  라보뜨닉

- 비서 (남자)
  секретар
  쎄끄레따르

- 비서 (여자)
  секретарка
  쎄끄레따르까

- 공무원
(държавен) служител
(더르좌벤) 쓸루쥐뗄

- 회계사
счетоводител
쓰체또보디뗄

- 교사
учител
우치뗄

- 화가
художник
후도쥐닉

- 화학자
химик
히믹

- 수학자
математик
마떼마틱

- 물리학자
физик
피직

- 학자
учен
우첸

- 숙련 노동자
квалифициран работник
꼬발리피찌란　　라보뜨닉

- 운전사
шофьор
쇼표르

- 대학생 (남자)
  студент
  쓰뚜덴뜨

- 대학생 (여자)
  студентка
  쓰뚜덴뜨까

- 학생 (남자)
  ученик
  우체닉

- 학생 (여자)
  ученичка
  우체니츠까

▷ 기본 표현

- 어디에서 일하세요?
  Къде работите?
  꺼대   라보띠떼

- 은행에서 일해요.
  Работя в банка.
  라보땨   브 반까

- 회사에서 일해요.
  Работя в една фирма.
  라보땨   브 에드나 피르마

- 거기에서 무슨 일을 하세요?
  Какво работите там?
  까끄보   라보띠떼   땀

- 변호사입니다.
  Адвокат съм.
  아쁘보깟   썸

• 직업이 없어요.
Не работя.
네　라보따

• 실업자입니다.
Безработен съм.
베즈라보뗀　　　썸

• 주부예요.
Домакиня съм.
도마끼냐　　　썸

• 아이들을 돌봐야 하기 때문에 시간제로 일해요.
Работя по часове, защото се грижа за децата.
라보따　　뽀 차쏘베　　자쉬또또　쎄 그리좌　자 데짜따

• 얼마를 받으세요?
Колко получавате?
꼴꼬　　　뽈루차바떼

• 월급이 얼마예요?
Каква Ви е заплатата?
가끄바　　비　에 자뻴라따따

• 보수가 좋지 않군요.
Не Ви плащат добре.
네　비　뻴라쉬땃　　도브레

• 주급으로 받아요 아니면 월급으로 받아요?
На седмица ли Ви плащат или на месец?
나 쎄드미짜　　리 비 뻴라쉬땃　　일리 나 메쎄쯔

• 보수가 좋은 일을 찾은 것 같아요.
Мисля, че си намерих добре платена работа.
미쓸랴　　체 씨 나메리흐　　도브레 뻴라떼나　　라보따

• 근무시간이 어떻게 됩니까?
Какво Ви е работното време?
까끄보　비　에 라보뜨노또　　브레메

• 하루에 몇 시간씩 일해요?
По колко часа на ден работите?
뽀 꼴꼬 차싸 나 덴 라보띠떼

• 무슨 요일에 일해요?
В кои дни работите?
브 꼬이 드니 라보띠떼

• 일요일에는 일을 안 하시지요?
Не работите в неделя, нали?
네 라보띠떼 브 네델랴 날리

• 언제부터 일을 시작하세요?
Кога почвате работа?
꼬가 뽀츠바떼 라보따

• 점심에 쉬는 시간이 있어요.
Имам почивка по обяд.
이맘 뽀치프가 뽀 오뱟

• 점심 휴식 시간이 어떻게 돼요?
Колко време продължава обедната Ви почивка?
꼴꼬 브레메 쁘로덜좌바 오베드나따 비 뽀치프까

• 주간 야간 교대로 일해요.
Работя на смени - дневна и нощна.
라보땨 나 쓰메니 드네브나 이 노쉬뜨나

• 당직이 언제입니까?
Кога ще бъдете дежурен?
꼬가 쉬떼 버데떼 데쥬렌

• 언제 휴가가 있으세요?
Кога излизате в отпуск?
꼬가 이즐리자떼 브 우뜨부쓰끄

• 유급 휴가예요?
Платен ли Ви е отпускът?
쁠라뗀 리 비 에 오뜨뿌쓰껏

• 봉급 인상이 있을 것으로 생각하세요?
Очаквате ли повишение на заплатата?
오차끄바떼　　리　뽀비쉐니에　　　　나　자쁠라따따

• 작년에 제 월급이 올랐어요.
Миналата година ми повишиха заплатата.
미날라따　　　고디나　　미　보비쉬하　　　자쁠라따따

• 크리스마스 보너스를 받아요?
Получавате ли премии за Коледа?
뽈루차바떼　　　리　쁘레미이　자　꼴레다

• 시간제로 돈을 받아요.
Плащат ми на час.
쁠라쉬땃　　미　나　차쓰

• 병가를 받을 때 월급이 나와요?
Плащат ли Ви, когато сте в болнични?
쁠라쉬땃　　리　비　꼬가또　　쓰떼 브 볼니츠니

• 사표를 냈어요.
Подадох си оставката.
뽀다도흐　　　씨　오쓰따프까따

• 정년 퇴직했어요.
Пенсионирах се.
뻰씨오니라흐　　　　쎄

• 해고 전에 미리 통보를 합니다.
Предупреждават преди да те уволнят.
쁘레두쁘레쥐다밧　　　　쁘레디　　다 떼 우볼냣

• 어떤 회사는 사전 통보 없이 해고를 합니다.
В някои фирми уволняват без предупреждение.
브 냐고이　　피르미　　우볼냐밧　　　베쓰 쁘레두쁘레쥐데니에

• 적당한 일을 찾아요.
Търся си подходяща работа.
떠르샤　　씨　뽀드호댜쉬따　　　라보따

- 힘든 일이 두렵지 않아요.
  Не се страхувам от тежка работа.
  네 쎄 쓰드라후밤　옷 떼쉬까　라보따

- 어떤 일이든지 할 수 있어요.
  Мога да върша всичко.
  모가　다 버르샤　프씨츠꼬

- 신문에 구인 광고가 났어요.
  Във вестниците има обяви за работа.
  버프 베쑷니찌떼　이마 오뱌비　자 라보따

- 역사학 학사학위가 있어요.
  Имам бакалавърска степен по история.
  이맘　바깔라버르쓰까　쓰떼펜　뽀 이쓰또리야

- 수학 석사학위가 있어요.
  Имам магистърска степен по математика.
  이맘　마기쓰떠르쓰가　쓰떼뻰　뽀 마떼마띠까

- 이제 막 박사학위를 받았어요.
  Току-що станах доктор (на науките).
  또꾸　쉬도 쓰따나흐　독또르　(나 나우끼떼)

- 분명히 당신을 임명할 거예요.
  Сигурен съм, че ще Ви назначат.
  씨구렘　썸　체 쉬떼 비 나즈나찻

- 직업이 뭐예요?
  Каква е Вашата професия?
  까끄바　에 바쉬따　쁘로페씨야

28 남성복

▶ 기본 어휘

- **남성복**
  мъжка конфекция
  머쉬까   꼰펙찌야

- **외투**
  палто
  빨또

- **바바리**
  шлифер
  쉴리페르

- **정장**
  костюм
  꼬쓰뜜

- **양복저고리, 재킷**
  сако
  싸꼬

- **바지**
  панталони
  빤딸로니

- **청바지**
  дънки
  던끼

- **조끼**
  елек
  엘렉

- 카디건
  жилетка
  쥘레뜨까

- 주머니
  джоб
  좁

- 와이셔츠
  риза
  리자

- 티셔츠
  тениска
  떼니쓰까

- 폴라 티
  поло
  뽈로

- 넥타이
  вратовръзка
  브라또브러쓰까

- 스카프
  шал
  샬

- 멜빵
  тиранти
  띠란띠

- 블레이저코트
  блейзър
  블레이저르

- 점퍼
  спортно яке
  쓰뽀르뜨노 야께

• 싱글 버튼 웃옷 (재킷)
едноредно сако
에드노레드노　　싸꼬

• 더블 버튼 웃옷 (재킷)
двуредно сако
드부레드노　　싸꼬

• 턱시도
смокинг
쓰모낑

• 연미복
фрак
프락

▶ 기본 표현

• 어두운 색 정장을 사고 싶습니다.
Искам да купя тъмен костюм.
이쓰깜　　다 꾸빠　떠멘　　꼬쓰뜜

• 몇 치수를 입으세요?
Кой номер носите?
꼬이　노메르　　노씨떼

• 이것이 저한테 맞을까요?
Смятате ли, че това ще ми стане?
쓰먀따떼　　리　체　또바　쉬떼 미　쓰따네

• 바지가 약간 길어요.
Панталоните ми са малко дълги.
빤딸로니떼　　　　미　싸　말꼬　　덜기

• 바지를 줄여 주시겠습니까?
Може ли да скъсите панталона?
모줴　　리 다　쓰꺼씨떼　　빤딸로나

• 양복저고리가 꽉 껴요.
Струва ми се, че сакото ми е тясно.
쓰뜨루바 미 쎄 체 싸꼬도 미 에 땨쓰노

• 양복저고리가 너무 커요.
Сакото ми е широко.
싸꼬도 미 에 쉬로꼬

• 소매가 짧아요.
Ръкавите ми са къси.
러까비떼 미 싸 꺼씨

• 재킷이 제게 맞아요.
Сакото ми става.
싸꼬또 미 쓰따바

• 이 셔츠를 좀 보여 주시겠어요?
Бихте ли ми показали тази риза, моля?
비흐떼 리 미 뽀까잘리 따지 리자 몰랴

• 짧은 소매 셔츠를 좀 보여주세요.
Искам риза с къси ръкави.
이쓰깜 리자 쓰 꺼씨 러까비

• 흰색 와이셔츠가 있어요?
Имате ли бяла риза?
이마떼 리 발라 리자

• 색깔이 있는 셔츠를 보여 주세요.
Покажете ми някои цветни ризи, моля.
뽀까줴떼 미 냐꼬이 쯔베뜨니 리지 몰랴

• 색이 빠지지 않을까요?
Цветовете няма ли да пуснат?
쯔베또베떼 냐마 리 다 뿌쓰낫

29 여성복

▷ 기본 어휘

- 여성복
дамска конфекция
담쓰까 꼰펙찌야

- 정장
костюм
꼬쓰뚬

- 코트
палто
빨또

- 스커트, 치마
пола
뽈라

- 주름치마
плисирана пола
쁠리씨라나　　뽈라

- 플레어스커트
клоширана пола
끌로쉬라나　　뽈라

- 블라우스
блуза
블루자

- 긴소매 블라우스
блуза с дълги ръкави
블루자　쓰 덜기　러까비

- 소매 없는 블라우스
  блуза без ръкави
  블루자 베쓰 러까비

- 재킷
  сако, жакет
  싸꼬, 좌껫

- 티셔츠
  тениска
  떼니쓰까

- 카디건
  жилетка
  쥘레뜨까

- 겨울 코트
  зимно палто
  짐노 빨또

- 스웨터
  пуловер
  뿔로베르

- 바바리
  шлифер
  쉴리페르

- 반바지
  къси панталони
  거씨 빤딸로니

- 원피스, 드레스
  рокля
  로끌랴

- 허리띠
  колан
  꼴란

▷ 기본 표현

- 정장을 사고 싶어요.
Искам да купя един костюм.
이쓰깜　다 꾸뺘　에딘　꼬쓰툼

- 검은 정장 드레스를 보여 주세요.
Моля, покажете ми някоя официална черна рокля.
몰랴　뽀까줴떼　미 냐꼬야　오피찌알나　체르나　로끌랴

- 얇은 여름 원피스를 사고 싶어요.
Искам тънка лятна рокля.
이쓰깜　떤까　랴뜨나　로끌랴

- 따뜻한 모 정장이 필요해요.
Трябва ми топъл вълнен костюм.
뜨럅바　미 또뻘　벌넨　꼬쓰뚬

- 이 정장에 어울리는 블라우스를 보여주세요.
Покажете ми блуза, която да върви на костюма.
뽀가줴떼　미 블루자　꼬야도　다 버르비　나 꼬쓰뜌마

- 탈의실이 어디예요?
Къде е пробната?
꺼데　에 쁘로브나따

- 거울이 있어요?
Имате ли огледало?
이마떼　리 오글레달로

- 이 원피스를 입어볼 수 있어요?
Мога ли да пробвам тази рокля?
모가　리 다 쁘로브밤　따지 로끌랴

- 이 원피스 원단이 뭐예요?
От каква материя е тази рокля?
오뜨 까끄바　마떼리야　에 따지 로끌랴

• 제게 잘 어울려요?
Добре ли ми стои?
도브레　리　미　쓰또이

• 아주 잘 어울리네요.
Много ви прилича.
므노고　비　쁘릴리차

• 제게 꼭 맞는 사이즈군요
Този размер е точно за мен.
또지　라즈메르　에 또츠노　자 멘

• 줄무늬 면 원피스를 사고 싶어요.
Искам памучна рокля на райета.
이쓰깜　빠무츠나　로끌랴　나 라이에따

• 겨울 모직 원피스가 필요해요.
Трябва ми зимна вълнена рокля.
뜨랍바　미　짐나　벌네나　로끌랴

• 치마가 너무 커요.
Полата ми е много голяма.
뽈라따　미　에므노고　골랴마

• 소매가 너무 길어요.
Ръкавите са много дълги.
러까비떼　싸　모노고　덜기

• 그것을 고치는 데 시간이 얼마나 걸려요?
Колко време ще трябва, за да го поправите?
꼴꼬　브레메　쉐 뜨랍바　자 다 고 뽀쁘라비떼

• 이 코트는 따뜻하지 않을 것 같아요.
Струва ми се, че това палто няма да топли.
쓰뜨루바　미　쎄　체　또바　빨또　냐마　다 또쁠리

• 제 코트에 어울리는 목도리를 주세요.
Искам шал, който да отива на палтото ми.
이쓰깜　샬　꼬이도　다 오띠바 나 빨또또　미

속옷

▶ 기본 어휘

- 속옷
  бельо
  벨료

- 남자용 팬츠
  слип
  쓸립

- 사각 팬티
  боксерки
  복쎄르끼

- 여자용 팬티
  бикини
  비끼니

- 브래지어
  сутиен
  쑤띠엔

- 슬립
  комбинезон
  꼼비네존

- 내의
  долна фанелка
  돌나   파넬까

- 잠옷
  нощница, пижама
  노쉬뜨니짜,   삐좌마

- 여름 잠옷
  лятна нощница
  랴뜨나   노쉬뜨니짜

- 실내 가운
  халат, пеньоар
  할랏,   뻬뇨아르

- 목욕용 큰 타올
  хавлия
  하블리야

▷ 기본 표현

- 팬티 주세요.
  Искам бикини, моля.
  이쓰감   비끼니,   몰랴

- 검은색 브래지어와 슬립 주세요.
  Един сутиен и комбинезон в черно.
  에딘   쑤띠엔   이 꼼비네존   브 체르노

양말

▷ 기본 어휘

- 양말
  чорапи
  초라삐

- 남자 양말
  мъжки чорапи
  머쉬끼　초라삐

- 여자 양말
  дамски чорапи
  담쓰끼　초라삐

- 어린이 양말
  детски чорапи
  뎃쓰끼　초라삐

- 면양말
  памучни чорапи
  바무츠니　초라삐

- 스타킹
  чорапогащи
  초라뽀가쉬띠

- 프리 사이즈
  универсален размер
  우니베르쌀렌　라즈메르

▷ 기본 표현

- 양말 두 켤레 주세요.
  Два чифта чорапи, моля.
  드바 치프따 초라삐   몰랴

- 무슨 색으로 드릴까요?
  Какъв цвят желаете?
  까꺼프   쯔뱟   쥏라에떼

- 어두운 색으로 주세요.
  Нещо в тъмно, моля.
  네쉬또   브 떰노   몰랴

 32 천

▷ 기본 어휘

- **천**
  плат
  쁠랏

- **모직**
  вълнен плат
  벌넨　　쁠랏

- **리넨**
  ленен плат
  레넨　　쁠랏

- **비단**
  копринен плат
  꼬쁘리넨　　　쁠랏

- **인조견**
  изкуствена коприна
  이쓰꾸쓰뜨베나　　꼬쁘리나

- **무명**
  памучен плат
  빠무첸　　쁠랏

- **나일론**
  найлон
  나일론

- **합성 섬유**
  изкуствена материя
  이쓰꾸쓰뜨베나　　마테리야

- 포플린
  поплин
  뽀쁠린

- 벨벳
  кадифе
  까디페

- 옥양목
  хасе
  하쎄

- 모헤어
  плат от мохер
  쁠랏 옷 모헤르

- 메리야스
  жарсен плат
  좌르쎈 쁠랏

- 다마스크 천
  дамаска
  다마쓰까

- 커튼감
  плат за завеси и пердета
  쁠랏 자 자베씨 이 뻬르데따

- 망사 커튼
  дантелени пердета
  단뗄레니 뻬르데따

- 단색
  едноцветен
  에드노쯔베뗀

- 희고 작은 점이 섞인
  меланж
  멜란쉬

• 줄무늬가 있는
на райета
나 라이에따

• 물방울 무늬의
на точки
나 또츠끼

• 체크 무늬의
на карета
나 까레따

• 겉면
лице (на плат)
리쩨 (나 쁠랏)

• 양면 직물
плат с две лица
쁠랏 쓰 드베 리짜

• 안감
подплата
쁘드쁠라따

▷ 기본 표현

• 이것은 어떤 천이에요?
Какъв е този плат?
까꺼프 에 또지 쁠랏

• 양복감 있습니까?
Имате ли плат за мъжки костюм?
이마떼 리 쁠랏 자 머쉬끼 꼬쓰뜜

• 원피스용으로 천이 얼마나 필요해요?
Колко плат е необходим за една рокля?
꼴꼬 쁠랏 에네옵호딤 자 에드나 로끌랴

• 면이 좋겠는데요.
Предпочитам памучен плат.
쁘레드뽀치탐　　　빠무첸　　　쁠랏

• 이 천의 폭이 얼마나 돼요?
Каква е ширината на този плат?
까꺼프　에 쉬리나따　　　나　또지　쁠랏

• 이 천은 구김이 갑니까?
Мачка ли се този плат?
마츠까　리　쎄　또지　쁠랏

• 이 천은 세탁 시 수축이 됩니까?
Свива ли се този плат при пране?
쓰비바　리　쎄　또지　쁠랏　쁘리　쁘라네

• 물세탁이 가능해요?
Може ли да се пере с вода?
모줴　　리　다　쎄　뻬레　　쓰 보다

 33 신발

▶ 기본 어휘

- 신발
  обувки
  오부프끼

- 가죽 제품
  кожени изделия
  꼬줴니　　　이즈델리야

- 신사화
  мъжки обувки
  머쉬끼　　오부프끼

- 숙녀화
  дамски обувки
  담쓰끼　　오부프끼

- 아동화
  детски обувки
  뎃쓰끼　　오브프끼

- 부츠
  ботуши
  보뚜쉬

- 스포츠화
  спортни обувки
  쓰뽀르뜨니　　오부프끼

- 정장구두
  официални обувки
  오피찌알니　　　오부프끼

- 고무창 구두
  обувки с гумени подметки
  오부프기　쓰 구메니　　뽀드메뜨끼

- 즈크화
  платнени обувки
  쁠라뜨네니　　오부프끼

- 운동화
  маратонки
  마라똔끼

- 샌들
  сандали
  싼달리

- 슬리퍼
  джапанки
  자빤끼

- 슬리퍼
  чехли
  체흘리

- 실내화
  домашни обувки
  도마쉬니　　오부프끼

- 오버슈즈
  галоши
  갈로쉬

- 고무장화
  гумени ботуши
  구메니　　보뚜쉬

- 굽 높은 신발
  обувки с висок ток
  오부프끼　쓰 비쏙 똑

- 굽 낮은 신발
  обувки с нисък ток
  오부쁘끼　쓰 니썩　　똑

- 속창
  стелки
  쓰뗄끼

- 밑창
  подметки
  뽀드메뜨끼

- 굽
  ток
  똑

- 구두약
  боя за обувки
  보야　자　오부쁘끼

- 신발끈
  връзки за обувки
  브러쓰끼　자 오브쁘끼

- 구둣솔
  четка за обувки
  체뜨까　자 오부쁘끼

- 구둣주걱
  обувалка
  오부발까

- 트렁크
  куфар
  꾸파르

- 여행가방
  пътна чанта
  뻐뜨나　찬따

- 배낭
  раница
  라니짜

- 배낭
  сак
  싹

- 가방
  чанта
  찬따

- 가죽 가방
  кожена чанта
  꼬줴나   찬따

- (여성용) 핸드백
  дамска(ръчна) чанта
  담쓰까   (러츠나)   찬따

- 지갑
  портмоне
  뽀르뜨모네

- 안경집
  калъф за очила
  깔러프   자 오칠라

- 허리띠
  колан
  꼴란

- 소가죽
  телешка кожа
  뗄레쉬까   꼬좌

- 천연 가죽
  естествена кожа
  에쓰떼쓰뜨베나   꼬좌

• 인조 가죽
изкуствена кожа
이쓰꾸쓰뜨베나   꼬좌

• 에나멜 가죽
лачена кожа
라체나   꼬좌

• 장갑
ръкавици
러까비찌

• 가죽 장갑
кожени ръкавици
꼬줴니   러까비찌

• 벙어리장갑
ръкавици с един пръст
러까비찌   쓰 에딘   쁘러쓰뜨

▷ 기본 표현

• 신발 치수가 어떻게 돼요?
Кой номер обувки носите?
꼬이   노메르   오부프끼   노씨떼

• 어떤 색으로 드릴까요?
Какъв цвят желаете?
까꺼프   쯔뱟   줴라에떼

• 신어 봐도 됩니까?
Може ли да ги премеря?
모줴   리 다 기   쁘레메랴

• 색이 마음에 안 들어요.
Не ми харесва цветът.
네 미   하레쓰바   쯔베떳

- 더 밝은 색이 있어요?
  Бих искал нещо по-светло.
  비흐 이쓰깔 네쉬또 뽀 쓰베뜰로

- 쇼윈도에 있는 것으로 주세요.
  Искам този модел от витрината.
  이쓰깜 또지 모델 옷 비뜨리나따

- 더 작은 사이즈가 있습니까?
  Имате ли по-малък номер?
  이마떼 리 뽀 말럭 노메르

- 더 큰 사이즈 있어요?
  Имате ли по-голям номер?
  이마떼 리 뽀 골람 노메르

- 이 신발이 꽉 껴요.
  Тези обувки ме стягат.
  떼지 오부프끼 메 쓰땨갓

- 천연 가죽입니까?
  Това естествена кожа ли е?
  또바 에쓰떼쓰뜨베나 꼬좌 리 에

- 아니요, 인조 가죽이에요.
  Не, изкуствена е.
  네 이쓰꾸쓰뜨베나 에

- 이 신발은 아주 편해요.
  Тези обувки са много удобни.
  떼지 오부프기 싸 므노고 우도브니

- 이것을 주세요.
  Ще ги взема.
  쉬떼 기 브제마

- 큰 트렁크 가방을 하나 사고 싶어요.
  Бих искал да купя един голям куфар.
  비흐 이쓰깔 다 꾸뺘 에딘 골람 꾸파르

• 지퍼 달린 것으로 주세요.
Бих предпочел с цип.
비흐 쁘레드뽀첼 쓰 찝

• 같은 색으로 여자 핸드백도 주세요.
Искам и дамска чанта със същия цвят.
이쓰깜 이 담쓰까 찬따 써쓰 써쉬띠야 쯔뱟

• 여행 가방이 있습니까?
Имате ли пътнически чанти?
이마떼 리 뻐뜨니체쓰끼 찬띠

34 모자

▷ 기본 어휘

- 모자
  шапка
  샵까

- 챙 없는 모자
  шапка без периферия
  샵까　베쓰　베리페리야

- 챙 달린 모자
  шапка с периферия
  샵까　쓰 베리페리야

- 밀짚모자
  сламена шапка
  쓸라메나　샵까

- 중산모
  бомбе
  봄베

- 베레모
  барета
  바레따

- 실로 짠 모자
  плетена шапка
  쁠레떼나　샵까

- 야구 모자
  бейзболна шапка
  베이즈볼나　　　샵까

▶ 기본 표현

- 어떤 사이즈 모자를 쓰십니까?
  Кой номер шапка носите?
  꼬이　노메르　샵까　　　노씨떼

- 이 옷에 어울리는 모자 주세요.
  Искам шапка, която да отива на тази дреха.
  이쓰깜　샵까　　　꼬야또　다 오띠바　나 따지 드레하

- 써 봐도 됩니까?
  Може ли да я пробвам?
  모줴　　리 다 야쁘로브밤

▷ 기본 어휘

- **장난감**
  играчка
  이그라츠까

- **전기 기차**
  електрическо влакче
  엘렉뜨리체쓰꼬　　블락체

- **인형**
  кукла
  꾸끌라

- **인형 집**
  къщичка за кукли
  꺼쉬띠츠까　자 꾸끌리

- **흔들 목마**
  люлеещо се конче
  률레에쉬또　쎄 꼰체

- **삽**
  лопатка
  로빠뜨까

- **물통**
  кофичка
  꼬피츠까

- 공
  топка
  똡까

- 유모차
  количка
  꼴리츠까

- 보행기
  проходилка
  쁘로호딜까

- 줄넘기 줄
  въже за скачане
  버줴 자 쓰까차네

- 스케이트
  кънки
  껀끼

- 롤러 스케이트
  ролкови кънки
  롤꼬비   껀끼

- 스케이트 보드
  скейтборд
  쓰께이뜨보르뜨

- 썰매
  шейна
  쉐이나

- 자전거
  велосипед
  벨로씨뻬뜨

- 세발자전거
  велосипед с три колела
  벨로씨뻬뜨   쓰 뜨리 꼴렐라

- 체스
  шах
  샤흐

- 두 살짜리 여자아이가 갖고 놀 수 있는 장난감을 찾아요.
  Търся нещо за момиче на две години.
  떠르샤 네쉬또 자 모미체   나 드베 고디니

- 작은 곰 인형을 주세요.
  Искам едно малко мече.
  이쓰깜   에드노 말꼬   메체

 **36** 안경점

▷ 기본 어휘

- 안경점
  оптика
  옵띠까

- 테
  рамка
  람까

- 뿔테 안경
  очила с рогови рамки
  오칠라　쓰 로고비　람끼

- 금속 테
  метални рамки
  메딸니　　람끼

- 유행하는 테
  модерни рамки
  모데르니　　람끼

- 렌즈
  лещи
  레쉬띠

- 압축 렌즈
  изтънено стъкло
  이쓰떠네노　　쓰떠끌로

- 안경집
  калъф за очила
  깔러프　자　오칠라

- 근시
  късогледство
  꺼쏘글렛쓰뜨보

- 원시
  далекогледство
  달레꼬글렛쓰뜨보

- 난시
  астигматизъм
  아쓰띠그바띠점

- 선글라스
  слънчеви очила
  쓸런체비　　오칠라

- 보안경, 고글
  защитни очила
  자쉬띠뜨니　　오칠라

- 독서용 안경
  очила за четене
  오칠라　　자 체떼네

- 돋보기
  лупа
  루빠

- 다초점안경
  бифокални очила
  비포깔니　　　오칠라

- 쌍안경
  бинокъл
  비노껄

- 소프트 콘택트렌즈
  меки контактни лещи
  메끼　　꼰딱뜨니　　　레쉬띠

- 하드 콘택트렌즈
  твърди контактни лещи
  뜨버르디 꼰탁뜨니   레쉬띠

- 일회용 렌즈
  лещи за еднократна употреба
  레쉬띠 자 에드노끄라뜨나   우뽀뜨레바

- 렌즈 소독액
  разтвор за почистване
  라쓰뜨보르 자 뽀치쓰뜨바네

- 식염수
  разтвор за промиване
  라쓰뜨보르 자 쁘로미바네

- 렌즈 보관액
  разтвор за съхранение
  라즈뜨보르 자 서흐라네니에

- 렌즈 단백질 제거제
  таблетки за дълбоко почистване на лещи
  따블레뜨끼   자 덜보꼬   뽀치쓰뜨바네   나 레쉬띠

▷ 기본 표현

- 어떤 종류의 선글라스가 있어요?
  Какви слънчеви очила предлагате?
  까끄비 쓸런체비   오칠라   쁘레들라가떼

 **운 동 용 품**

▷ 기본 어휘

- **스포츠 용품**
  спортни артикули
  쓰뽀르뜨니　아르띠꿀리

- **스포츠 웨어**
  спортни дрехи
  쓰뽀르뜨니　드레히

- **잠바**
  яке
  야께

- **체육복**
  анцунг
  안쭌그

- **권투 장갑**
  боксьорски ръкавици
  복쏘르쓰기　　러까비찌

- **테니스 라켓**
  тенис ракета
  떼니쓰　라께따

- **테니스 공**
  топка за тенис
  똡까　자 떼니쓰

- 테니스 네트
  мрежа за тенис
  므레좌　자　떼니쓰

- 탁구채
  хилка за тенис на маса
  할까　자 떼니쓰　나　마싸

- 축구공
  топка за футбол
  똡까　자 풋볼

- 골프채
  стик за голф
  쓰띡　자 골프

- 스키 신발
  ски обувки
  쓰끼 오부프끼

- 스키 스틱
  щеки
  쉬떼끼

- 스키 장갑
  скиорски ръкавици
  쓰꾜르쓰끼　러까비찌

- 고글
  очила за ски
  오칠라　자 쓰끼

- 야구 배트
  бухалка за бейзбол
  부할까　자 베이즈볼

낚시 용품

▷ 기본 어휘

- 낚시 용품
риболовни принадлежности
리볼로브니　　쁘리나들레쥐노쓰띠

- 낚싯바늘
кукичка за въдица
꾸끼츠까　　자　버디짜

- 미끼　　　　стръв　　　　쓰뜨러프

- 낚싯대　　　въдица　　　버디짜

- 릴　　　　　макара　　　마까라

- 그물　　　　рибарска мрежа　리바르쓰까 므레좌

- 작살　　　　харпун　　　하르뿐

- 수중 스포츠　подводен спорт　뽀드보덴 쓰뽀르뜨

- 스노클　　　шнорхел　　　쉬노르헬

- 마스크　　　маска　　　　마쓰까

- 고무 물갈퀴 (오리발)
плавници
쁠라브니찌

39 물놀이 용품

▶ 기본 어휘

- **물놀이 용품**
плажни принадлежности
쁠라쥐니　쁘리나들레쥐노쓰띠

- **수영복**
бански костюм
반쓰끼　꼬쓰뜜

- **수영팬티**
бански гащета
반쓰끼　가쉬떼따

- **튜브**
пояс
뽀야쓰

- **수영모**
шапка за плуване
샵까　자　쁠루바네

- **물안경**
очила за плуване
오칠라　자　쁠루바네

- **텐트**
палатка
빨라뜨까

- **배낭**
раница
라니짜

- 보온병
термос
떼르모쓰

- 휴대용 물통
преносима бутилка за вода
쁘레노씨마　　부띨까　　자 보다

- 부탄가스
бутан
부딴

- 가스버너
газов котлон
가조프　꼬뜰론

- 성냥
кибрит
끼브릿

- 양초
свещ
쓰베쉬뜨

- 랜턴
фенер
페네르

- 램프
лампа
람빠

- 매트리스
матрак
마뜨락

- 모기장
мрежа против комари
므레좌　　쁘로띠프　꼬마리

• 양동이
кофа
꼬파

• 침낭
спален чувал
쓰빨렌　추발

• 에어 매트리스
надуваем дюшек
나두바엠　듀쉑

• 밧줄
въже
버줴

▶ 기본 표현

• 4인용 텐트를 찾습니다.
Търся палатка за четири души.
떠르샤　빨라뜨까　자 체띠리　두쉬

• 비싸지 않지만 좋은 테니스 라켓 주세요.
Търся добро качество тенис ракета, която да не е
떠르샤　도브로　까체쓰뜨보　떼니쓰 라께따　코야도　다 네 에
много скъпа.
므노고　쓰꺼빠

화장품

▷ 기본 어휘

- 화장품
козметика
코즈메띠까

- 빗
гребен
그레벤

- 헤어브러시
четка за коса
체뜨까 자 꼬싸

- 실핀
фиба
피바

- 머리핀
фуркет
푸르껫

- 머리띠
диадема
디아데마

- 롤러
ролки
롤끼

- 샴푸
шампоан
샴뽀안

- **린스**
  балсам за коса
  발쌈　　　자 꼬싸

- **헤어 젤**
  гел за коса
  겔　자 꼬싸

- **무스**
  пяна за коса
  빠나　자 꼬싸

- **헤어스프레이**
  лак за коса
  락　자 꼬싸

- **머리 염색약**
  боя за коса
  보야 자 꼬싸

- **립스틱**
  червило
  체르빌로

- **립스틱 브러시**
  четчица за червило
  체뜨치짜　　자 체르빌로

- **립 라이너**
  молив за устни
  몰리프　　자 우스뜨니

- **분**
  пудра
  뿌드라

- **콤팩트**
  пудриера
  뿌드리에라

- 파운데이션
 фон дьо тен
 폰 됴 뗀

- 아이섀도
 сенки
 쎈끼

- 아이라이너
 молив за очи
 몰리프 자 오치

- 아이 펜슬
 молив за вежди
 몰리프 자 베쥐디

- 마스카라
 спирала за мигли
 스피랄라 자 미글리

- 크림
 крем
 끄렘

- 여드름 크림
 крем против акне
 끄렘 쁘로띠프 아끄네

- 클렌징크림
 крем за почистване
 그렘 자 뽀치쓰뜨바네

- 마사지 크림
 крем за масаж
 끄렘 자 마싸쉬

- 나이트 크림
 нощен крем
 노쉬뗀 끄렘

- 아이 크림
околоочен крем
오꼴로오첸　끄렘

- 핸드 크림
крем за ръце
끄렘　자 러쩨

- 로션
лосион
로씨온

- 화장솜
тампони за почистване на грим
땀뽀니　자 뽀치쓰뜨바네　나 그림

- 스폰지
гъба
거바

- 선탠 크림
плажно мляко
쁠라쥐노　믈라꼬

- 선탠 오일
плажно масло
쁠라쥐노　마쓸로

- 비누
сапун
씨뿐

- 향수
парфюм
빠르품

- 방취제
дезодорант
데조도란뜨

• 오드콜론
  одеколон
  오데꼴론

▷ 기본 표현

• 어떤 향수가 있어요?
  Какви парфюми имате?
  까끄비　빠르퓨미　　이마떼

• 남성용 향수가 있어요?
  Имате ли мъжки парфюми?
  이마떼　리 머쉬끼　빠르퓨미

• 이 향수는 냄새가 너무 진해요.
  Този парфюм е много силен.
  또지　빠르퐘　　에 므노고　씰렌

• 향수를 손에 발라 봐도 돼요?
  Може ли да го опитам на ръката си?
  모줴　리 다 고 오삐땀　　나 러까따　씨

41 주방용품

▶ 기본 어휘

- **주방용품**
  кухненски потреби
  꾸흐녠쓰기　　뽀뜨레비

- **식기**
  прибори
  쁘리보리

- **찬장**
  кухненски шкаф
  꾸흐녠쓰끼　　쉬까프

- **접시**
  чиния
  치니야

- **찻잔**
  чаша за чай
  차샤　　자　차이

- **유리잔**
  стъклена чаша
  쓰떠끌레나　　차샤

- **포도주 잔**
  чаша за вино
  차샤　　자　비노

- **맥주 잔**
  халба за бира
  할바　　자　비라

- 물 컵
  чаша за вода
  차샤 자 보다

- 공기(그릇)
  купичка
  꾸삐츠까

- 정찬용 식기 세트
  сервиз за хранене
  쎄르비쓰 자 흐라네네

- 커피 잔 세트
  сервиз за кафе
  쎄르비쓰 자 까페

- 찻잔 세트
  сервиз за чай
  쎄르비쓰 자 차이

- 냄비
  тенджера
  뗀제라

- 프라이팬
  тиган
  띠간

- 뚜껑
  капак
  까빡

- 주전자
  чайник
  차이닉

- 쟁반
  поднос
  뽀드노쓰

- 도마
  дъска
  더쓰까

- 내열그릇
  огнеупорни съдове
  오그네우뽀르니　　써도베

- 병따개
  отварачка за бутилки
  오뜨바라츠까　　자　부띨끼

- 깡통 따개
  отварячка за консерви
  오뜨바랴츠까　　자　꼰쎄르비

- 마개뽑이
  тирбушон
  띠르부숀

- 비
  метла
  메뜰라

- 삽
  лопатка
  로빠뜨까

- 다리미
  ютия
  유띠야

- 다리미판
  дъска за гладене
  더쓰까　자　글라데네

- 가위
  ножица
  노쥐짜

- 칼
  нож
  노쉬

- 포크
  вилица
  빌리짜

- 숟가락
  лъжица
  러쥐짜

- 찻숟갈
  чаена лъжица
  차에나　러쥐짜

- 젓가락
  пръчки
  쁘러츠끼

- 압력솥
  тенджера под налягане
  뗀제라　　쁘드　날랴가네

- 행주
  кухненска кърпа
  꾸흐넨쓰까　　꺼르빠

- 쓰레기통
  кофа за боклук
  꼬파　자　보끌룩

- 음식을 만들다
  готвя
  고뜨뱌

- 식기를 닦다
  мия съдове
  미야　써도베

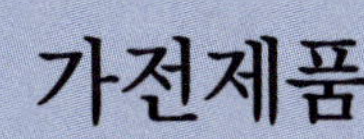 42 가전제품

▷ 기본 어휘

- **가전제품**
електроуред
엘렉뜨로우레뜨

- **가스레인지**
газова печка за готвене
가조바 뻬츠까 자 고뜨베네

- **전기레인지**
електрическа печка за готвене
엘렉뜨리체쓰까   뻬츠까 자 고뜨베네

- **오븐**
фурна
푸르나

- **난로**
отоплителна печка
오또쁠리뗄나   뻬츠까

- **청소기**
прахосмукачка
쁘라호쓰무까츠까

- **냉장고**
хладилник
흘라딜닉

- **냉동고**
фризер
프리제르

- 에어컨
климатична инсталация
끌리마띠츠나　　인쓰딸라찌야

- 세탁기
пералня
뻬랄냐

- (옷) 건조기
уред за сушене на дрехи
우레드　자　쑤쉐네　　나　드레히

- 드라이어
сешоар
쎄쇼아르

- 토스터기
тостер
또쓰떼르

- 라디오
радиоапарат
라디오아빠랏

- 텔레비전
телевизор
뗄레비조르

- 믹서
миксер
믹쎄르

- 전자레인지
микровълнова фурна
미끄로벌노바　　푸르나

- 플러그
щепсел
쉬뗍쎌

- 소켓
фасунга
파쑨가

- 전구
крушка
끄루쉬까

- 손전등
джобно фенерче
조브노　페네르체

- 배터리
батерия
바테리야

- 변압기
трансформатор
뜨란쓰포르마또르

- 어댑터
адаптор
아답또르

- 계산기
калкулатор
깔꿀라또르

- 컴퓨터
компютър
꼼뷰터르

- 메모리
памет
빠멧

- 모니터
монитор
모니또르

- 마우스
  мишка
  미쉬까

- 자판
  клавиатура
  끌라비아뚜라

- 노트북
  лаптоп
  랍똡

- 넷북
  нетбук
  넷북

- 스캐너
  скенер
  쓰께네르

- 프린터
  принтер
  쁘린테르

- 부품
  резервни части
  레제르브니   차쓰띠

- 휴대전화
  мобилен телефон
  모빌렌   뗄레폰

- 스마트폰
  смартфон
  쓰마르뜨폰

- 문자
  съобщение (SMS)
  써옵쉬떼니에

- 인터넷
  интернет
  인테르넷

- 무선 인터넷
  безжичен интернет
  베즈쥐첸　　인떼르넷

- 채팅
  чат
  차뜨

- 이메일
  електронна поща
  엘렉뜨론나　　뽀쉬따

- 이메일을 보내다
  изпращам имейл
  이쓰쁘라쉬땀　　이메일

㊸ 침구

▷ **기본 어휘**

- 침구   спално бельо   쓰빨노 벨료

- 시트 (홑이불)   чаршаф   차르샤프

- 베개   възглавница   버즈글라브니짜

- 베갯잇   калъфка за възглавница
  깔러프까   자 버즈글라브니짜

- 침대 덮개   покривка за легло   뽀끄리프까 자 레글로

- 이불   завивка   자비프까

- 요   долно одеяло   돌노 오데얄로

- 솜이불   юрган   유르간

- 담요   одеяло   오데얄로

- 전기담요
  електрическо одеяло
  엘렉뜨리체쓰꼬   오데얄로

- 타월
  хавлиена кърпа
  하블리에나   거르빠

- 목욕 타월
  кърпа за баня
  꺼르빠   자   바냐

44 귀금속

▷ 기본 어휘

- 귀금속 가게
бижутерия
비쥬떼리야

- 금
злато
즐라또

- 은
сребро
쓰레브로

- 백금
платина
쁠라띠나

- 금도금 된
позлатен
뽀즐라뗀

- 은도금된
посребрен
뽀쓰레브렌

- 보석
скъпоценен камък
쓰꺼뽀쩨넨　　까먹

- 다이아몬드
диамант
디아만뜨

- 진주
  перла
  뻬를라

- 에메랄드
  смарагд
  쓰마락뜨

- 루비
  рубин
  루빈

- 자수정
  аметист
  아메띠쓰뜨

- 호박
  кехлибар
  께흘리바르

- 산호
  корал
  꼬랄

- 수정
  кристал
  끄리쓰딸

- 흑단
  абанос
  아바노쓰

- 상아
  слонова кост
  쓸로노바   꼬쓰뜨

- 비취
  нефрит
  네프릿

- 사파이어
  сапфир
  쌉피르

- 터키석
  тюркоаз
  뜌르꼬아쓰

- 모조품
  имитация
  이미따찌야

- 반지
  пръстен
  쁘러쓰뗀

- 약혼반지
  годежен пръстен
  고데젠　　쁘러쓰뗀

- 결혼반지
  халка
  할까

- 팔찌
  гривна
  그리브나

- 체인
  верижка, синджирче
  베리쉬까,　씬지르체

- 묵주, 염주
  молитвена броеница
  몰리뜨베나　브로에니짜

- 목걸이
  гердан, колие
  게르단,　꼴리에

- 귀걸이
  обици
  오비찌

- 브로치
  брошка
  브로쉬까

- 커프스단추
  ръкавели
  러까벨리

- 손목시계
  ръчен часовник
  러첸　　　차쏘브닉

- 전자시계
  електронен часовник
  엘렉뜨로넨　　　차쏘브닉

- 자명종
  будилник
  부딜닉

- 벽시계
  стенен часовник
  쓰떼넨　　　차쏘브닉

- 회중시계
  джобен часовник
  조벤　　　차쏘브닉

- 시곗줄
  каишка за часовник
  까이쉬까　　자　차쏘브닉

- 아내에게 줄 작은 선물을 찾습니다.
Търся един малък подарък за жена ми.
떠르샤 에딘 말럭 뽀다럭 자 줴나 미

- 너무 비싼 것 말고요.
Не искам нещо, което е много скъпо.
네 이쓰깜 네쉬또 꼬에또 에 므노고 쓰꺼뽀

- 금반지를 보여 주세요.
Бихте ли ми показали някои златни пръстени?
비흐떼 리 미 뽀까잘리 냐꼬이 즐라뜨니 쁘러쓰떼니

- 은세공 장신구를 보여 주세요.
Искам да видя сребърни бижута.
이쓰깜 다 비댜 쓰레버르니 비쥬따

- 이것은 진짜 은이에요?
Това истинско сребро ли е?
또바 이쓰띤쓰꼬 쓰레브로 리 에

- 이 목걸이는 금이에요?
Тази огърлица златна ли е?
따지 오거를리짜 즐라뜨나 리 에

- 무엇으로 만들어졌어요?
От какъв материал е?
옷 까꺼프 마떼리알 에

- 이 시계는 무슨 상표예요?
Каква марка е този часовник?
까꺼프 마르까 에 또지 차쏘브닉

- 건전지 좀 갈아 주시겠습니까?
Може ли да смените батерията?
모줴 리 다 쓰메니떼 바떼리야따

45 카메라

▷ 기본 어휘

- **카메라, 사진기**
фотоапарат
포또아빠랏

- **자동 카메라**
автомотичен фотоапарат
아프또마띠첸　　포또아빠랏

- **수동 카메라**
фотоапарат с ръчна настройка
포도아빠랏　　쓰 러츠나　　나쓰뜨로이까

- **디지털 카메라**
цифров фотоапарат
찌프로프　포또아빠랏

- **컬러 필름**
цветен филм
쯔베뗀　필름

- **흑백 필름**
черно-бял филм
체르노　뱔　필름

- **슬라이드**
диапозитив
디아쁘지띠프

- **삼각대**
триножник
뜨리노쥐닉

- 자동 셔터
  самоснимачка
  싸모쓰니마츠까

- 여광기
  филтър
  필떠르

- 렌즈
  леща
  레쉬따

- 광각렌즈
  широкоъгълен обектив
  쉬로꼬어걸렌   오벡띠프

- 망원렌즈
  телеобектив
  뗄레오벡띠프

- 조리개
  бленда
  블렌다

- 타임 노출
  скорост
  쓰꼬로쓰트

- 화면
  кадър
  까더르

- 음화
  негатив
  네가띠프

- 양화
  копие, позитив
  꼬삐에,   뽀지띠프

- 노출 부족
  недоекспониран
  네도엑쓰뽀니란

- 노출 과다
  преекспониран
  쁘레엑쓰뽀니란

- 인화지
  фото хартия
  포도   하르띠야

- 감광도
  чувствителност
  추프쓰뜨비뗄노쓰뜨

- 플래시
  светкавица
  쓰베뜨까비짜

- 여권사진
  снимка за паспорт
  쓰님까   자 빠쓰뽀르뜨

- 액자
  рамка
  람까

- 비디오카메라
  видеокамера
  비데오까메라

- 현상하다
  проявявам
  쁘로야뱌밤

- 인화하다
  копирам
  꼬삐람

• 사진을 출력하다
разпечатам снимка
라즈뻬차땀　　　　쓰님까

• 사진을 확대하다
увеличавам снимка
우벨리차밤　　　　쓰님까

▶ 기본 표현

• 어떤 사진기가 있어요?
Какви фотоапарати предлагате?
까끄비　　포또아빠라띠　　　　쁘레들라가떼

• 삼성 사진기를 추천합니다.
Мога да Ви препоръчам Самсунг.
모가　　다　비　쁘레뽀러참　　　　쌈쑨그

• 전부 다 좋은 카메라예요.
Всички тези апарати са хубави.
프씨츠끼　　떼지　아빠라띠　　싸 후바비

• 두 장 빼 주세요.
Бих искал два екземпляра, моля.
비흐　이쓰깔　드바　엑젬쁠랴라　　　몰랴

• 사진기 수리를 합니까?
Поправяте ли фотоапарати?
뽀쁘라뱌떼　　리 포도아빠라띠

46 꽃

▷ 기본 어휘

- 꽃
цветя
쯔베땨

- 무궁화
хибискус
히비쓰꾸쓰

- 개나리
форзиция
포르지찌야

- 진달래
азалия
아잘리야

- 카네이션
карамфил
까람필

- 장미
роза
로자

- 튤립
лале
랄레

- 수선화
нарцис
나르찌쓰

- 데이지
маргарита
마르가리따

- 히아신스
зюмбюл
쥼뷸

- 제비꽃
виолетка
비올레뜨까

- 앵초
примула
쁘리물라

- 국화
хризантема
흐리잔떼마

- 백합
лилия
리리야

- 안개꽃
гипсофил
깁쏘필

- 꽃집
цветарски магазин
쯔베따르쓰끼   마가진

▷ 기본 표현

- 카네이션 한 다발 주세요.
Букет карамфили, моля.
부껫   까람필리   몰랴

• 장미 몇 송이 드릴까요?
Колко рози желаете?
꼴꼬　　로지　　쳴라에떼

• 장미 한 송이에 얼마예요?
Колко струва една роза?
꼴꼬　　쓰드루바　에드나 로자

• 이 화분이 좋군요.
Тази саксия е хубава.
따지　싹씨야　　에 후바바

• 이 주소로 꽃을 보내 주시겠습니까?
Бихте ли изпратили цветята на този адрес, моля?
비흐떼　리 이쓰쁘라띨리　　쯔베땨따　　나 또지　아드레쓰　몰랴

47 건강

▶ 기본 어휘

건강	здраве	즈드라베
머리	глава	글라바
이마	чело	첼로
눈	око	오코
귀	ухо	우호
코	нос	노쓰
콧구멍	ноздра	노즈드라
입	уста	우쓰따
혀	език	에직
목	врат	브랏
목구멍	гърло	거를로
편도선	сливици	쓸리비찌
어깨	рамо	라모
가슴	гърди	거르디
심장	сърце	써르쩨
폐	бял дроб	뱔 드롭
배	корем	꼬렘

• 등	гръб	그럽
• 척추	гръбначен стълб	
		그러브나첸　　쓰떨프
• 팔꿈치	лакът	라껏
• 팔	ръка (от рамото до китка)	
		러까
• 손	ръка (от китката до пръстите)	
		러까
• 손목	китка	끼뜨까
• 손가락	пръст	쁘러쓰뜨
• 발톱	нокти (на крака)	녹띠
• 손톱	нокти (на ръката)	녹띠
• 내장	черва	체르바
• 생식기	гениталии	게니딸리이
• 간	черен дроб	
		체렌　　드롭
• 위	стомах	쓰또마흐
• 신장	бъбреци	버브레찌
• 다리	крак	끄락
• 허벅지	бедро	베드로
• 무릎	коляно	꼴랴노
• 발목	глезен	글레젠
• 발바닥	стъпало	쓰떠빨로
• 발뒤꿈치	пета	뻬따

피부	кожа	꼬좌
신경	нерв	네르프
근육	мускул	무쓰꿀
관절	става	쓰따바
동맥	артерия	아르떼리야
정맥	вена	네나
통증	болка	볼까
심한 통증	силна болка	씰나 볼까
약한 통증	слаба болка	쓸라바 볼까
두통	главоболие	글라보볼리에
복통	болка в стомаха	볼까 브 쓰또마하
병력	история на заболяването	이쓰도리야 나 자볼랴바네또
가족 병력	история на семейните заболявания	이쓰또리야 나 쎄메이니떼 자볼랴바니야
소아병	детски болести	뎃쓰끼 볼레쓰띠
유전성 질환	наследствени болести	나쓸레뜨쓰뜨베니 볼레쓰띠
알레르기	алергия	알레르기야
감기	простуда	쁘로쓰뚜다
독감	инфлуенца, грип	인플루엔짜, 그립
기침	кашлица	까쉴리짜

콧물	хрема	흐레마
염증	възпаление	버쓰빨레니에
탈수	обезводняване	오베즈보드냐바네
예방접종	имунизация	이무니자찌야
백신	ваксина	박씨나
디프테리아	дифтерит	디프떼릿
백일해	коклюш	꼬끌류쉬
소아마비	детски паралич	뎃쓰끼　빠랄리치
수두	варицела	바리쩰라
홍역	дребна шарка	드레브나　샤르까
볼거리	заушка	자우쉬까
풍진	рубеола	루베올라
성홍열	скарлатина	쓰까를라띠나
류머티즘	ревматизъм	레브마띠점
관절염	артрит	아르뜨릿
늑막염	плеврит	쁠레브릿
당뇨병	диабет	디아벳
간염	хепатит	헤빠띳
심장병	сърдечно заболяване	써르데츠노　자볼랴바네
심장마비	инфаркт	인파륵뜨
폐렴	пневмония	쁘네브모니야

• 기관지염	бронхит	브론힛
• 천식	астма	아즈마
• 위염	гастрит	가쓰트릿
• 궤양	язва	야즈바
• 대장염	колит	꼴릿
• 변비	запек	자뻭
• 암	рак	락
• 에이즈	спин	쓰삔
• 물집	мехур	메후르
• 종기	цирей	찌레이
• 벤 상처	порязано място	뽀랴자노 마쓰또
• 찰과상	драскотина	드라쓰꼬띠나
• 혹	буца, израстък	부짜, 이즈라쓰떡
• 발진	обрив	오브리프
• 습진	екзема	엑제마
• 의사	лекар	레까르
• 외과의사	хирург	히루륵
• 수술	операция	오뻬라찌야
• 맹장염	възпаление на апендикса	버쓰빨레니에 나 아뻰딕싸
• 복막염	перитонит	뻬리또닛
• 탈장	херния	헤르니아

• 소아과 의사	педиатър	뻬디아떠르
• 간호사	медицинска сестра 메디찐쓰까　　　쎄쓰뜨라	
• 조산사	акушерка	아꾸쉐르까
• 산부인과 의사	гинеколог	기네꼴록
• 안과 의사	очен лекар	오첸 레까르
• 근시	късогледство	꺼소글레뜨쓰뜨보
• 원시	далекогледство	달레꼬글레뜨쓰뜨보
• 난시	астигматизъм	아쓰띠그마띠점
• 색맹	цветна слепота	쯔베뜨나 쓸레뽀따
• 야맹증	кокоша слепота	꼬꼬샤 쓸레뽀따
• 결막염	конюнктивит	꼬뉸끄띠빗
• 이비인후과 의사	ушен лекар	우쉔 레까르
• 편도선	сливица	쓸리비짜
• 편도선염	ангина	안기나
• 고막	тъпанче	떠빤체
• 이명	бръмчене в ушите 브럼체네　　　브 우쉬떼	
• 구토하다	повръщам	뽀브러쉬땀
• 토할 것 같다	повръща ми се 뽀브러쉬따　　미　쎄	
• 속이 매스껍다	гади ми се 가디　미　쎄	

▷ 기본 표현

- **어떠십니까?**
  Как сте?
  깍　쓰떼

- **오늘은 기분이 어떠세요?**
  Как се чувствате днес?
  깍　쎄 추프쓰뜨바떼　드네쓰

- **어디가 편찮으세요?**
  От какво се оплаквате?
  옷　까끄보　쎄 오쁠라끄바떼

- **언제부터 아픕니까?**
  Откога Ви боли?
  옷꼬가　비 볼리

- **몸이 안 좋아요.**
  Не се чувствам добре.
  네　쎄 추프쓰뜨밤　도브레

- **아파요.**
  Болен съм.
  볼렌　썸

- **아주 많이 아팠지만, 지금은 괜찮아요.**
  Бях много зле, но сега се чувствам добре.
  뱌흐 므노고　즐레 노 쎄가 세 추프쓰뜨밤　도브레

- **안색이 좋지 않아요.**
  Не изглеждате добре.
  네 이즈글레쥐다떼　도브레

- **어디가 안 좋으세요?**
  Боли ли Ви нещо?
  볼리　리 비 네쉬또

• 의사에게 가야겠어요.
Трябва да отида на лекар.
뜨랍바　다 오띠다　나 레까르

• 어떤 의사를 제게 추천해 주시겠어요?
Кой лекар ще ми препоръчате?
꼬이　레까르　쉬떼 미　쁘레뽀러차떼

• 그 분의 진료실이 어디예요?
Къде му е кабинетът?
꺼데　무　에 까비네떳

• 그 선생님의 진료 시간이 언제예요?
Кога приема той?
꼬가　쁘리에마　또이

• 진찰을 하겠습니다.
Ще Ви прегледам.
쉬떼 비　쁘레글레담

• 옷을 벗으세요.
Моля, съблечете се.
몰랴　써블레체떼　쎄

• 여기 누우세요.
Легнете тук.
레그네떼　뚝

• 심호흡하세요.
Дишайте дълбоко.
디샤이떼　덜보꼬

• 숨을 쉬지 마세요.
Не дишайте, моля.
네 디샤이떼　몰랴

• 숨을 참으세요.
Задръжте въздуха.
자드러쉬떼　버즈두하

• 목을 봅시다.
Да видя гърлото Ви.
다 비댜 거를로또 비

• 목이 빨개요.
Гърлото Ви е зачервено.
거를로또 비 에 자체르베노

• 입을 벌리세요.
Отворете си устата.
오뜨보레떼 시 우쓰따따

• 혈압을 재겠습니다.
Ще премеря кръвното Ви налягане.
쉬떼 쁘레메랴 끄러브노또 비 날랴가네

• 고혈압이 있습니다.
Имате високо кръвно налягане.
이마떼 비쏘꼬 끄러브노 날랴가네

• 맥박을 재겠습니다.
Ще премеря пулса Ви.
쉬떼 쁘레메랴 뿔싸 비

• 주사를 놓겠습니다.
Ще Ви поставя инжекция.
쉬떼 비 뽀쓰따뱌 인쩩찌야

• 창백해 보이세요.
Изглеждате блед.
이즈글레쥐다떼 블레뜨

• 감기에 걸렸어요.
Настинал съм.
나쓰띠날 썸

• 기침을 계속해요.
Непрекъснато кашлям.
네쁘레꺼쓰나또 까쉬람

• 여기가 아파요.
Тук ме боли.
뚝　메 볼리

• 머리가 아파요.
Боли ме главата.
볼리　메 글라바따

• 귀가 아파요.
Боли ме ухото.
볼리　메 우호또

• 목이 너무 아파서 먹을 수가 없어요.
Не мога да ям, тъй като много ме боли гърлото.
네 모가 다 얌 떠이 까또　므노고 메 볼리　거를로또

• 콧물이 나요.
Хремав съм.
흐레마프　썸

• 열이 나요.
Имам температура.
이맘　뗌뻬라뚜라

• 열을 쟀어요.
Премерих си температурата.
쁘레메리흐　씨 뗌뻬라뚜라따

• 혀에 백태가 꼈어요.
Езикът ми е обложен.
에직껏　미　에 오블로쟨

• 힘이 하나도 없어요.
Чувствам се много отпаднал.
추프쓰뜨밤　쎄 므노고　오뜨빠드날

• 숨을 쉴 때 가슴이 아파요.
Като дишам, ме болят гърдите.
까또 디샴　메 볼랏　거르디떼

- 가슴을 찌르는 것 같은 통증이 있어요.
  Имам бодежи в гърдите.
  이맘　　보데쥐　　　브 거르디떼

- 아이가 목이 아프대요.
  Детето се оплаква от гърлото.
  떼떼또　　쎄 오쁠라끄바　옷 거를로또

- 목에 염증이 있어요.
  Гърлото му е възпалено.
  거를로또　　무　에 뻬쓰빨레노

- 편도선이 부었군요.
  Сливиците му са увеличени.
  쓸리비찌떼　　　무　싸 우벨리체니

- 목이 쉬었어요.
  Пресипнал съм.
  쁠레씨쁘날　　　썸

- 몸이 떨려요.
  Тресе ме.
  뜨레쎄　메

- 땀이 무척 많이 나요.
  Потя се много.
  뽀땨　쎄 므노고

- 식욕을 잃었어요.
  Загубих си апетита.
  자구비흐　　씨 아뻬띠따

- 소화가 잘 안 되고 토할 것 같아요.
  Имам стомашно разстройство и ми се повръща.
  이맘　　쓰또마쉬노　　라쓰쓰뜨로이쓰뜨보　이 미 쎄 뽀브러쉬따

- 손가락을 베었어요.
  Порязах си пръста.
  뽀랴자흐　　씨 쁘러쓰따

- 전혀 위험하지 않아요.
Няма нищо опасно.
냐마　니쉬또　오빠쓰노

- 병원에 입원해야 해요.
Трябва да постъпя в болница.
뜨랍바　다　뽀쓰떠빠　브볼니짜

- 수술해야 해요?
Ще ме оперират ли?
쉬떼　메　오뻬리랏　리

- 의사를 불러 주세요.
Повикайте лекар.
뽀비까이떼　레까르

- 피검사를 하시러 오셔야 해요.
Трябва да дойдете да Ви взема кръв.
뜨랍바　다　도이데떼　다　비　브제마　끄러프

- 피검사와 소변 검사를 합시다.
Да правим изследвания на кръв и на урина.
다　쁘라빔　이쓸레드바니야　나　끄러프　이나　우리나

- 안경을 새로 맞추셔야 돼요.
Трябват Ви нови очила.
뜨랍밧　비　노비　오칠라

- 보청기를 하셔야 해요.
Трябва Ви слухов апарат.
드라바　비　쓸루호프　아빠랏

- 처방전을 드릴게요.
Ще Ви дам рецепта.
쉬떼　비　담　레쩹따

- 얼마 동안은 식이요법을 하셔야 해요.
Известно време трябва да пазите диета.
이즈베쓰뜨노　브레메　뜨랍바　다　빠지떼　디에따

• 제 의료보험을 쓸 수 있어요?
Ще приемете ли моята медицинска осигуровка?
쉬떼 쁘리에메떼 리 모야따 메디찐쓰까 오씨구로프까

• 이 문서를 작성하세요.
Моля, попълнете този формуляр.
몰랴 뽀뻴네떼 도지 포르물랴르

• 임신 중이에요.
Бременна съм.
브레멘나 썸

• 여행을 해도 됩니까?
Дали мога да пътувам?
달리 모가 다 뻐뚜밤

• 입덧이 심해요.
Много ми се гади.
므노고 미 쎄 가디

• 어떻게 하면 돼요?
Какво да правя?
까끄보 다 쁘라뱌

• 출산 예정일이 언제예요?
За кога е определен терминът?
자 꼬까 에 오쁘레델렌 떼르미넛

• 임산부가 먹어도 되는 약이에요?
Тези лекарства могат ли да се вземат от бременни жени?
떼지 레까르쓰뜨바 모갓 리 다 쎄 브제맛 옷 브레멘니 쮀니

• 딸기에 알레르기가 있어요.
Алергичен съм към ягоди.
알레르기첸 썸 껌 야고디

(48) 사고

▶ 기본 어휘

- 사고
  злополука
  즐로뽈루까

- 교통사고
  автомобилна злополука
  아프도모빌나　즐로뽈루까

- 상처
  рана
  라나

- 화상
  рана от изгаряне
  라나　옷　이즈가랴네

- 일사병
  слънчев удар
  쓸런체프　우다르

- 베인 상처
  порязване
  뽀랴즈바네

- 타박상, 멍
  контузия
  꼰뚜지야

- 골절
  фрактура, счупване
  프락뚜라,　쓰추쁘바네

- 염좌, 삠
  навяхване
  나뱌흐바네

- 부종
  оток
  오똑

- 뇌진탕
  сътресение
  써뜨레쎄니에

- 출혈
  кръвоизлив
  끄러보이즐리프

- 뇌출혈
  кръвоизлив в мозъка
  끄러포이즐리프　브 모저까

- 응급실
  спешно отделение
  쓰뻬쉬노　옷델레니에

- 주사
  инжекция
  인젝찌야

- 부분 마취
  местна упойка
  메쓰뜨나　우뽀이까

- 전신 마취
  пълна упойка
  뻴나　우뽀이까

▷ 기본 표현

- 구급차를 불러 주세요.
  Повикайте линейка.
  쁘비까이떼　　리네이까

- 당장 의사를 보내 주세요.
  Моля Ви, изпратете веднага лекар.
  몰랴　비　이쓰쁘라떼떼　베드나가　레까르

- 다리에 붕대를 감아야 해요.
  Кракът трябва да се превърже.
  끄라껫　뜨랍다　다　쎄　쁘레버르줴

- 이 사람은 심하게 다쳤어요.
  Той е сериозно ранен.
  또이　에 쎄리오즈노　라넨

- 이 사람의 상처에 붕대를 감아줄 수 있어요?
  Можете ли да превържете раната му?
  모줴떼　리 다 쁘레버르줴떼　라나따　무

- 상처가 치료될 거예요.
  Раната ще зарасне.
  라나따　쉬떼 자라쓰네

- 이 여자분이 기절했어요.
  Тя припадна.
  땨 쁘리빠드나

- 어디가 아파요?
  Къде Ви боли?
  꺼데　비　볼리

- 발목이 삐었어요.
  Навехнал си е глезена.
  나베흐날　　씨 에 글레제나

• 이 사람이 손이 부러졌어요.
Той си счупи ръката.
또이　씨 쓰추삐　　러까따

• 엑스레이를 찍어야 해요.
Ще трябва да направим рентгенова снимка.
쉬떼 뜨럅바　　다 나쁘라빔　　　렌게노바　　　쓰님까

• 팔이 부러진 것 같아요.
Струва ми се, че съм си счупил ръката.
쓰뜨루바 미 쎄 체 썸　씨 쓰추삘　　러까따

• 다리가 부러졌군요.
Кракът Ви е счупен.
끄라껏　　　비　에 쓰추뻰

• 많이 부었어요.
Доста е отекъл.
도쓰따　　에 오떼껄

치과

▷ 기본 어휘

• 치과 병원
стоматологична клиника
쓰또마똘로기츠나　끌리니까

• 이, 치아
зъб
접

• 잇몸
венци
벤찌

• 턱
челюст
첼류쓰뜨

• 충치
кариес
카리에쓰

• 충전재
пломба
쁠롬바

• 치교
мост
모쓰뜨

• 의치
протеза
쁘로떼자

• 치아 교정기
шина, скоба
쉬나,   쓰꼬바

• 근관
канал на корена
까날   나 꼬레나

• 치석
зъбен камък
저벤   까먹

• 스케일링
почистване на зъбен камък
뽀치쓰뜨바네   나 저벤 까먹

• 임플란트
зъбен имплант
저벤   임쁠란뜨

• 치아 미백
избелване на зъби
이즈벨바네   나 저비

• 치아 교정
изправяне на криво израснали зъби
이쓰쁘라뱌네   나 꼬리보 이즈라쓰날리   저비

▶ **기본 표현**

• 치과의사에게 가야 해요.
Трябва да отида на зъболекар.
뜨럅바   다 오띠다 나 저볼레까르

• 좋은 치과 의사를 소개해 주시겠습니까?
Можете ли да ми препоръчате някой добър зъболекар?
모줴떼   리 다 미 쁘로뽀러차떼   냐꼬이 도버르 저볼레까르

• 입을 벌리세요.
Моля, отворете си устата.
몰랴 오뜨보레떼 씨 우쓰따따

• 입안을 헹구세요.
Изплакнете си устата.
이쓰쁠라끄네떼 씨 우쓰따따

• 어떤 이가 아파요?
Кой зъб Ви боли?
고이 접 비 볼리

• 이 이가 아파요.
Този зъб ме боли.
또지 접 메 볼리

• 오른쪽 윗니가 아파요.
Боли ме зъбът горе вдясно.
볼리 메 저벗 고레 브댜쓰노

• 왼쪽 아랫니가 아파요.
Боли ме зъбът долу вляво.
볼리 메 저벗 돌루 블랴보

• 때운 것이 빠졌어요.
Падна ми една пломба.
빠드나 미 에드나 쁠롬바

• 이를 새로 때워야 해요.
Трябва да се сложи нова пломба.
뜨럅바 다 쎄 쓸로쥐 노바 쁠롬바

• 이가 깨졌어요.
Зъбът Ви е счупен.
저벗 비 에 쓰추쁜

• 뜨겁고 찬 것에 이가 시려요.
Зъбите ми са чувствителни към топло и студено.
저벗 미 싸 추프쓰뜨비뗄니 껌 또쁠로 이 쓰뚜데노

- 이를 빼야겠어요.
  Трябва да Ви извадя зъба.
  뜨랍바   다 비 이즈바댜 저바

- 마취를 하겠습니다.
  Ще Ви направя упойка.
  쉬떼 비 나쁘라뱌   우뽀이까

- 제 잇몸에서 피가 납니다.
  Венците ми кървят.
  벤찌떼   미 꺼르뱟

- 잇몸이 무척 아파요.
  Много ме болят венците.
  므노고   메 볼럇   벤찌떼

- 의치가 아파요.
  Протезата ме убива.
  쁘로떼자다   메 우비바

- 이 이는 금으로 씌워야 돼요.
  Трябва да си сложите златна коронка на този зъб.
  뜨랍바   다 씨 쓸로쥐떼   즐라뜨나 꼬론까   나 또지 접

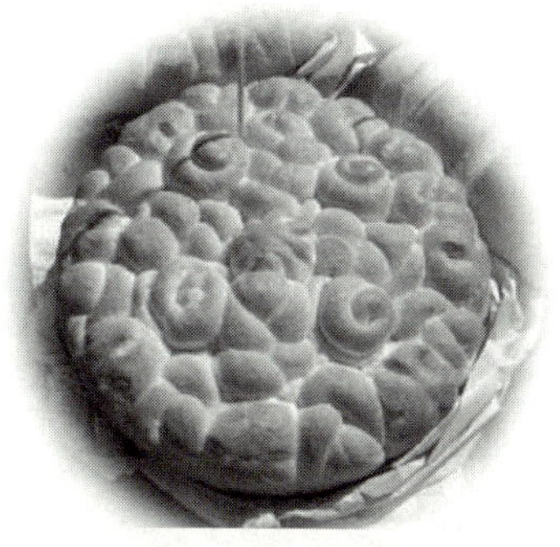

⑤⓪ 약국

▷ 기본 어휘

• 약국	аптека	압떼까
• 약	лекарство	레까르쓰뜨보
• 약사	фармацевт	파르마쩨프트
• 처방전	рецепта	레쩹따
• 사용 설명서	упътване	우뻐뜨바네
• 외용	външно	번쉬노
• 내복용	вътрешно	버드레쉬노
• 하루에 한 번	един път дневно 에딘 뻿 드네브노	
• 하루에 두 번	два пъти дневно 드바 뻐띠 드네브노	
• 하루에 세 번	три пъти дневно 뜨리 뻐띠 드네브노	
• 식전	преди ядене 쁘레디 야데네	
• 식후	след ядене 쓸렛 야데네	
• 정제	таблетка	따블레뜨까
• 알약	хапче	합체

- 가루약　　　прах　　　쁘라흐

- 시럽　　　сироп　　　씨롭

- 아스피린　　　аспирин　　　아쓰삐린

- 항생제　　　антибиотик　　　안띠비오띡

- 진통제　　　обезболяващо　　　오베즈볼랴바쉬또

- 완화제　　　разхлабително　　　라즈흘라비뗄노

- 방부제　　　антисептично средство
　　　안띠쎕띠츠노　　　쓰레뜨쓰뜨보

- 신경안정제　　　успокоително　　　우쓰뽀고이뗄노

- 비타민　　　витамин　　　비따민

- 철분　　　желязо　　　쥃랴조

- 칼슘　　　калций　　　깔찌이

- 수면제
преспивателно средство
쁘레쓰삐바뗄노　　　쓰레뜨쓰뜨보

- 해열제
средство против температура
쓰레뜨쓰뜨보　　쁘로띠프　　뗌뻬라뚜라

- 소화제
храносмилателен ензим
흐라노쓰밀라뗄렌　　　엔짐

- 멀미약
лекарство против морска болест
레까르쓰뜨보　　쁘로띠프　　모르쓰까　　볼레쓰뜨

- 피임약
лекарство против забременяване
레까르뜨뜨뜨보　　쁘로띠프　　자브레메냐바네

- 체온계
  термометър
  떼르모메떠르

- 붕대
  бинт
  빈뜨

- 반창고
  лекопласт
  레꼬쁠라쓰뜨

- 거즈, 가제
  марля
  마를랴

- 솜
  памук
  빠묵

- 소독용 알코올
  чист спирт
  치쓰뜨 쓰삐르뜨

- 소독약
  дезинфекционно средство
  데진펙찌온노　　　쓰레뜨쓰뜨보

- 요오드, 옥도정기
  йод
  요뜨

- 안약
  капки за очи
  깝끼　　자 오치

- 귀약
  капки за уши
  깝끼　　자 우쉬

- 구급약 상자
  аптечка
  압떼츠가

- 입 헹굼액, 가글액
  лекарство за гаргара
  레까르쓰뜨보　　자 가르가라

- 벌레 물린데 바르는 약
  мехлем против ужилване от насекоми
  메흘렘　　쁘로디프　우쥘바네　　옷　나쎄꼬미

- 살충제
  препарат за убиване на насекоми
  쁘레빠랏　　자 우비바네　　나　나쎄꼬미

- 생리대
  дамски превръзки
  담쓰끼　　쁘레브러쓰끼

▷ 기본 표현

- 이 처방전대로 약을 주실 수 있어요?
  Можете ли да изпълните тази рецепта?
  모줴떼　　리 다 이쓰뻴니떼　　따지 레쩹따

- 인후염에 먹는 약이 있습니까?
  Можете ли да ми препоръчате нещо за възпалено
  모줴떼　　리 다 미 쁘레쁘러차떼　　네쉬또　자 버쓰빨레노
  гърло?
  거를로

- 두통약이 있어요?
  Имате ли нещо за главоболие?
  이마떼　리 네쉬또　자 글라보볼리에

- 기침약 주세요.
  Искам лекарство за кашлица.
  이쓰깜　레까르쓰뜨보　자 까쉴리짜

- 이 약은 처방전이 있어야만 살 수 있어요.
  Това лекарство се дава само срещу рецепта.
  또바 레까르쓰뜨보　쎄 다바　싸모　쓰레쉬뚜 레쩹따

- 하루에 한 알씩 세 번 드세요.
  Вземайте по едно хапче три пъти на ден.
  브제마이떼　뽀 에드노 합체　뜨리 뻐띠　나 덴

- 이것을 바르세요.
  Мажете се с това.
  마줴떼　쎄 쓰 또바

- 압박붕대를 하세요.
  Направете си компрес.
  나쁘라베떼　씨 꼼쁘레쓰

 서비스업

▷ 기본 어휘

- **서비스**
  услуга
  우쓸루가

- **미장원**
  фризьорски салон
  프리죠르쓰끼　　쌀론

- **헤어스타일**
  прическа, фризура
  쁘리체쓰까,　　프리주라

- **헤어브러시**
  четка за коса
  체뜨까　자　꼬싸

- **머리빗**
  гребен
  그레벤

- **샴푸**
  шампоан
  샴포안

- **가위**
  ножица
  노쥐짜

- **염색약**
  боя
  보야

- 헤어 젤
  гел за коса
  겔   자 꼬싸

- 헤어스프레이
  лак за коса
  락   자 꼬싸

- 머리 망사
  тънка мрежа за коса
  떤까   브레좌   자 꼬싸

- 드라이어
  сешоар
  쎄쑈아르

- 거울
  огледало
  오글레달로

- 파마
  студено къдрене
  쓰뚜데노   꺼드레네

- 가발
  перука
  뻬루까

- 건조한 모발
  суха коса
  쑤하   꼬싸

- 기름기 많은 모발
  мазна коса
  마즈나   꼬싸

- 앞머리
  бретон
  브레똔

- 가르마
  път в средата
  뺏 브 쓰레다따

- 머리를 자르다
  подстригвам
  보뜨쓰뜨리그밤

- 머리를 염색하다
  боядисвам коса
  보야디쓰밤 꼬싸

- 세트를 말다
  навивам на ролки
  나비밤 나 롤끼

- 머리를 말리다
  суша коса
  쑤샤 꼬싸

▷ 기본 표현

- 오늘 오후에 파마할 수 있어요?
  Мога ли да дойда за студено къдрене днес
  모가 리 다 도이다 자 쓰뚜데노 꺼드레네 드네쓰
  следобед?
  쓸레도베뜨

- 오후 세 시에 예약을 했어요.
  Имам записан час за 3 часа следобед.
  이맘 자삐싼 차쓰 자 뜨리 차싸 쓸레보베뜨

- 머리를 잘라 주세요.
  Искам да ме подстрижете.
  이쓰깜 다 메 보뜨쓰뜨리줴떼

• 너무 짧게 자르지 마세요.
Не ме подстригвайте много късо, моля.
네 메 뽀뜨쓰뜨리그바이떼 므노고 꺼쏘 몰랴

• 앞머리만 잘라 주세요.
Моля, да ми подстрижете само бретона.
몰랴 다 미 뽀드쓰뜨리쉐떼 싸모 브레또나

• 먼저 머리를 감겨 드릴까요?
Да Ви измия ли косата първо?
다 비 이즈미야 리 꼬싸따 뻐르보

• 아니요, 집에서 머리를 감았어요.
Не, измих си косата вкъщи.
네 이즈미흐 씨 꼬싸따 프꺼쉬띠

• 파마해 주세요. 웨이브는 굵게 해 주세요.
Искам студено къдрене, но моля Ви да бъде на
이쓰깜 쓰뚜데노 꺼드레네 노 몰랴 비 다 버데 나
едри къдрици.
에드리 꺼드리찌

• 이렇게 머리를 해 주세요.
Моля, направете ми косата така.
몰랴 나쁘라베떼 미 꼬싸따 따까

• 헤어스타일을 바꾸고 싶어요.
Искам да си променя прическата.
이쓰깜 다 씨 쁘로메냐 쁘리체쓰까따

• 어떤 헤어스타일이 가장 제게 잘 어울릴까요?
Коя прическа ми отива най-много?
꼬야 쁘리체쓰까 미 오띠바 나이 므노고

• 머리를 염색해 주세요.
Искам да ми боядисате косата.
이쓰깜 다 미 보야디싸떼 꼬싸따

• 헤어스프레이를 뿌리지 마세요.
Не използвайте лак за коса, моля.
네 이쓰뽈즈바이떼 락 자 꼬싸 몰랴

• 이번에는 가르마를 옆으로 타 주세요.
Направете пътя ми встрани този път.
나쁘라베떼 뻐땨 미 프쓰뜨라니 또지 뺏

• 쪽머리로 해 주세요.
Направете косата ми на кок.
나쁘라베떼 고싸다 미 나 꼭

미용실

▷ 기본 어휘

- **미용실**
козметичен салон
꼬즈메띠첸　　　쌀론

- **피부관리사**
козметичка
꼬즈메띠츠까

- **얼굴 마사지**
масаж на лицето
마싸쉬　　나 리쩨또

- **마스크, 팩**
маска
마쓰까

- **눈썹**
вежди
베쥐디

- **속눈썹**
мигли
미글리

- **매니큐어**
маникюр
마니뀨르

- **매니큐어 액**
лак за нокти
락　자 녹띠

- 무색 매니큐어 액
  безцветен лак
  베쓰쯔베뗀　락

- 매니큐어 제거액
  лакочистител
  라꼬치쓰띠뗄

- 손톱줄
  пила за нокти
  삘라　자 녹띠

- 손톱가위
  ножичка за нокти
  노쥐츠까　　자 녹띠

- 손톱깎이
  нокторезачка
  녹또레자츠까

- 족집게
  пинсети
  삔쎄띠

- 핸드 로션
  балсам за ръце
  발쌈　　자 러쩨

- 눈썹을 뽑다
  скубя вежди
  쓰꾸뱌　베쥐디

- 크림을 바르다
  слагам крем
  쓸라감　끄렘

- 얼굴 마사지를 해 주세요.
  Бих искала да ми направите масаж на лицето.
  비흐 이쓰깔라 다 미 나쁘라비떼 마싸쉬 나 리쩨또

- 피부가 건성이군요.
  Кожата Ви е суха.
  꼬좌따 비 에 쑤하

- 손톱 손질 좀 해 주시겠어요?
  Можете ли да ми направите маникюр?
  모줴떼 리 다 미 나쁘라비떼 마니뀨르

- 어떤 매니큐어를 원하세요, 색깔 있는 것으로요 아니면 무색으로 요?
  Какъв лак желаете - цветен или безцвен?
  까꺼프 라 줼라에떼 쯔베뗀 일리 베쓰쯔베뗀

▶ **기본 어휘**

• 이발관	бръснарски салон	
	브러쓰나르쓰끼 쌀론	
• 이발사	бръснар	브러쓰나르
• 턱수염	брада	브라다
• 콧수염	мустаци	무쓰따찌
• 커트	подстригване	보뜨쓰뜨리그바네
• 가르마	път на коса	
	뻣 나 꼬싸	
• 면도기	бръснач	브러쓰나치
• 면도칼	бръснарско ножче	
	브러쓰나르쓰고 노쉬체	
• 전기면도기	електрическа самобръсначка	
	엘렉뜨리체쓰까 싸모브러쓰나츠까	
• 쉐이빙 크림	крем за бръснене	
	끄렘 자 브러쓰네네	
• 쉐이빙 폼	пяна за бръснене	
	빠나 자 브러쓰네네	
• 에프터 쉐이브	афтършейв	아프떠르쉐이프

- 콧수염을 정리해 드릴까요?
  Да ви оформя ли мустаците?
  다 비 오포르먀 리 무쓰따찌떼

- 구레나룻은 그냥 두세요.
  Оставете ми бакембардите.
  오쓰따베떼 미 바껨바르디떼

- 머리를 잘라 주세요.
  Бих искал да ме подстрижете, моля.
  비흐 이쓰깔 다 메 뽀뜨쓰뜨리줴떼 몰랴

- 머리를 조금만 잘라 주세요.
  Подстрижете само малко косата ми.
  뽀뜨쓰뜨리줴떼 싸모 말꼬 꼬싸따 미

- 가르마를 왼쪽으로 해 주세요.
  Направете ми пътя отляво.
  나쁘라베떼 미 뻐땨 옷랴보

- 머리를 뒤로 빗겨 주세요.
  Моля, срешете косата ми назад.
  몰랴 쓰레쉐떼 꼬싸따 미 나잣

 **수선**

▷ 기본 어휘

- 수선
  поправка
  뽀쁘라프까

- 전기기사
  електротехник
  엘렉뜨로떼흐닉

- 배관공
  водопроводчик
  보도쁘로보드칙

- 목수
  дърводелец
  더르보델레쯔

- 텔레비전 수리공
  телевизионен техник
  뗄레비지오넨   떼흐닉

- 가스레인지
  газова печка
  가조바   뻬츠까

- 전기레인지
  електрическа печка
  엘렉뜨리체쓰까   뻬츠까

- 세탁기
  пералня
  뻬랄냐

- 건조기
суши́лня
쑤쉴냐

- 청소기
прахосму́качка
쁘라호쓰무까츠까

- 믹서
ми́ксер
믹쎄르

- 다리미
ю́тия
유띠야

- 전기 스위치
електри́чески ключ
엘렉뜨리체쓰기　　　끌류치

- 플러그
ще́псел
쉬뗍쎌

- 콘센트
ко́нтакт
꼰딱뜨

- 소켓
фасу́нга
파쑨가

- 퓨즈
бушо́н
부숀

- 전구
електри́ческа кру́шка
엘렉뜨리체쓰까　　　끄루쉬까

- 하수구
канал
까날

- 관
тръба
뜨러바

- 수도꼭지
кран
끄란

- 찬물
студена вода
쓰뚜데나　보다

- 온수
топла вода
또쁠라　보다

- 세면대
мивка
미프까

- 욕조
вана
바나

- 하수구를 막다
запушвам канала
자뿌쉬밤　까날라

- 하수구를 뚫다
отпушвам канала
오뜨뿌쉬밤　까날라

- 다리미가 망가졌어요.
  Ютията ми не работи.
  유띠야따   미 네 라보띠

- 잘 달궈지지 않아요.
  Не загрява както трябва.
  네 자그랴바   깍또   뜨랍바

- 이것을 고칠 수 있겠습니까?
  Можете ли да я поправите?
  모줴떼   리 다 야 뽀쁘라비떼

- 믹서 스위치가 부러졌어요.
  Ключът на миксера е счупен.
  끌류첫   나 믹쎄라   에 쓰추쁜

- 건조기가 작동하지 않아요.
  Сушилнята не се върти.
  수쉴냐따   네 쎄 버르띠

- 자물쇠를 바꿔 주실 수 있어요?
  Можете ли да смените ключалката?
  모줴떼   리 다 쓰메니떼   끌류찰까따

- 창문이 깨졌어요.
  Прозорецът е счупен.
  쁘로조레쩟   에 쓰추쁜

- 대략 비용이 얼마나 듭니까?
  Можете ли да ми кажете приблизително колко ще
  모줴떼   리 다 미 까줴떼   쁘리블리지텔노   끌꼬   쉬떼
  струва?
  쓰뜨루바